MW00779509

La Inteligencia del Éxito

Anxo Pérez

La Inteligencia del Éxito

Sólo el 2 % de las personas aprovecha su inteligencia. Descubre cómo.

PAIDÓS EMPRESA

Obra editada en colaboración con Espasa Libros, S.L.U. – España

Diseño de portada: © microbiogentleman.com
Diseño de la colección: Departamento de Diseño Editorial, Editorial Planeta Colombiana
Adaptación de portada: Marvin Rodríguez
Fotografía de portada: © Sofía Moro

© 2016, Anxo Pérez

© 2016, Centro de Libros PAPF, S.L.U. – Barcelona, España
Alienta es un sello editorial de Espasa Libros, S.L.U.

Derechos reservados

© 2017, Ediciones Culturales Paidós, S.A. de C.V.
Bajo el sello editorial PAIDÓS M.R.
Avenida Presidente Masarik núm. 111, Piso 2
Colonia Polanco V Sección
Deleg. Miguel Hidalgo
C.P. 11560, Ciudad de México
www.planetadelibros.com.mx
www.paidos.com.mx

Primera edición impresa en España: octubre de 2016
ISBN: 978-84-16253-96-8

Primera edición impresa en México: febrero de 2017
ISBN: 978-607-747-317-6

No se permite la reproducción total o parcial de este libro ni su incorporación a un sistema informático, ni su transmisión en cualquier forma o por cualquier medio, sea éste electrónico, mecánico, por fotocopia, por grabación u otros métodos, sin el permiso previo y por escrito de los titulares del *copyright*.
La infracción de los derechos mencionados puede ser constitutiva de delito contra la propiedad intelectual (Arts. 229 y siguientes de la Ley Federal de Derechos de Autor y Arts. 424 y siguientes del Código Penal).
Si necesita fotocopiar o escanear algún fragmento de esta obra diríjase al CeMPro (Centro Mexicano de Protección y Fomento de los Derechos de Autor, http://www.cempro.org.mx).

Impreso en los talleres de Litográfica Ingramex, S.A. de C.V.
Centeno núm. 162-1, colonia Granjas Esmeralda, Ciudad de México
Impreso en México – *Printed in Mexico*

DEDICATORIA

De: _____

Para: _____

Fecha: _____

Estos son los Peldaños de Oro que yo te regalo.
Al leerlos pensé en ti.

                1.º PELDAÑO NÚMERO _____

                2.º PELDAÑO NÚMERO _____

                3.º PELDAÑO NÚMERO _____

SUMARIO

INTRODUCCIÓN ESPECIAL – COLECCIÓN «88 PELDAÑOS»   13
INTRODUCCIÓN - *LA INTELIGENCIA DEL ÉXITO*   17

1. El cociente intelectual del éxito   21
2. Los fracasos de Anxo   25
3. El episodio de la bañera   29
4. Sé un superdotado   31
5. El contrapeso   33
6. La bici   36
7. Resultados dirigidos   39
8. Cómo ser un cerrador   42
9. N-a-d-a   46
10. Pay it forward   50
11. La inteligencia de la negociación   52
12. Míster Miope   57
13. Tu Momento-Atrévete   60

14. El repartidor de pizzas 63

15. De fiesta con Einstein 66

16. Sistematiza.. 69

17. ¿Qué te debe la vida?.. 73

18. Don Yorrío y Don Yonó 77

19. El precio de no hacer 80

20. La ecuación de la felicidad.. 83

21. Montar una empresa de forma inteligente 86

22. Momento-Édison 91

23. Peldaño arriba - Peldaño abajo................................. 95

24. ¿Eres jinete o caballo? 98

25. El tren 101

26. La cultura de empresa 104

27. Cómo descubrir tus pozos de petróleo 107

28. El endeudamiento mutuo 110

29. El termómetro de la ilusión 113

30. Entrena tu mente para el éxito.................................. 116

31. 5 claves de la inteligencia en la comunicación 119

32. Los hoyos y los árboles.. 124

33. No busques tener. Busca ser 127

34. Si quieres aprender mucho... 130

35. El jarrón dorado... 133

36. 7 formas inteligentes de conseguir empleo............. 135

37. 4 consejos ingeniosos para una entrevista de trabajo inteligente 140

38. El automarketing y el antimarketing......................... 144

39. El día-N 148

40. La receta para los días negros 151

41. GimnasioDelFuturo.com.. 154

42. Tan sólo un vaso.. 157

43. No quemes papel. Quema troncos 161

44. ¿Cuál es su pie derecho? 165

45. La reunión más productiva del mundo 168

46. ¿Corazón o cabeza? 173

47. Hoy va a ser diferente 176

48. Conviértelo en un postre 179

49. La cadena de reacción 181

50. ¿Impro-sible o impo-vable? 184

51. El ajedrez de la disciplina y la pereza 187

52. El cisne 190

53. ¿Cuál es el mayor enemigo del crecimiento? 193

54. La mente horizontal y la mente vertical 196

55. Aprende a pedir 198

56. La fábrica del tiempo 202

57. ¿Tienes bandera? 205

58. Ten un cofre del tesoro 207

59. La palabra más curativa 210

60. Alimenta al piloto 213

61. La regla de los 3 minutos 215

62. Cómo ser Supermán con menos de media hora al día ... 218

63. ¿Ha encogido mi muro? 220

64. No me importa tu porqué, sino el mío 223

65. ¿Qué haría tu ídolo? 226

66. El propósito de la vida 229

67. Cómo ganar un millón en un minuto 233

68. Qué sensato ser loco 236

69. Hoy sí ligo 240

70. Resetear el límite 242

71. La inteligencia del aprendizaje 245

72. Sé egoísta (y mejora el mundo) 249

73. No tengas fe. Ten un plan 251

74. Lanza una granada 253

75. ¿Quieres estar sano? 256

76. Cena con un genio 258

77. La seducción del altruismo 261

78. ¿Coste o beneficio? 264

79. La hora del sueño 266

80. El decálogo del desamor 269

81. La pregunta del millón 272

82. El poder del reconocimiento 275

83. El efecto portero y el efecto delantero 278

84. ¿Trigo o paja? 281

85. Eres un privilegiado 284

86. ¿Tu éxito es tuyo? 288

87. La transformación 291

88. La última lección 296

TU TOP-10 DE MÁXIMAS 299

Agradecimientos 303

INTRODUCCIÓN ESPECIAL - COLECCIÓN «88 PELDAÑOS»

Cuando publiqué mi primer libro, *Los 88 Peldaños del Éxito*, nadie creía en su potencial. ¿Lo creía yo? Depende. Sabía que era un libro especial y que me había dejado la piel para que fuera distinto a todos los libros publicados anteriormente, pero ninguno podíamos esperar su enorme éxito en ventas tanto en España como en América Latina. Hasta cierto punto se podría decir que ha creado un antes y un después en el campo del desarrollo personal.

Tras esa explosiva acogida y ese abrumador éxito, fueron tantos los lectores que me pidieron la publicación de un segundo libro que siguiese la misma línea del primero que se volvió un hecho inevitable publicar no uno adicional, sino una colección entera. Esa colección es la colección «88 Peldaños» y este libro, *La Inteligencia del Éxito*, constituye su segundo ejemplar. Estas son 8 de las señas de identidad que caracterizan a todos y cada uno de los libros que escribo como parte de la colección:

1. Todos los libros de la colección consisten en 88 Peldaños.
2. Cada Peldaño puede leerse de forma aleatoria e independiente.

3. Siempre se incluye antes del índice una página denominada DEDICATORIA, donde al regalar el libro a otra persona puedes dedicarle tus tres Peldaños de oro para él o ella. Este será su texto:

   «Estos son los Peldaños de Oro que yo te regalo. Al leerlos pensé en ti».

4. Todos siguen el mismo formato: título, ilustración, varias máximas resaltadas y una lección del éxito.

5. Cada libro incluye 88 tuits, uno por Peldaño, para que fotografíes o compartas con el mundo aquellas máximas que más te hayan emocionado a ti.

6. Todos son escritos para ser leídos no una vez, sino una vez todos los años.

7. Una parte de los beneficios que yo obtengo de cada libro la donaré siempre a una causa benéfica que yo he elegido personalmente, por lo que cada compra de un libro que tú adquieras está contribuyendo de forma directa a mejorar el mundo.

8. Todos los libros incluyen la Historia de la Pitonisa, por ser el punto de partida de esta colección y por ser un canto a la superación personal. Esta historia representa no sólo mi vida, sino el mensaje principal de la colección.

LA HISTORIA DE LA PITONISA
(incluida y actualizada en cada libro de la colección «88 Peldaños»)

Si a los cuatro años me hubiera encontrado con una pitonisa y me hubiera predicho el futuro, supongo que mis ojos habrían revelado mi incredulidad ante cada una de sus palabras:

— *A los cinco años aprenderás a tocar el piano. Luego aprenderás ocho instrumentos más y cantarás.*
— *¿Cantar?*
— *Sí. Darás conciertos en nueve países, actuarás en televisión y publicarás un disco de música original compuesta por ti.*
— *¿Seré músico?*

— *No. A los quince años te irás a vivir a Estados Unidos solo, sin familia ni amigos.*

— *¿Yo? ¿Solo? ¡Qué miedo!*

— *Ay, niñito. El miedo muere el mismo día en que te pones en marcha. Te vas a sorprender. Allí trabajarás cortando el césped en residencias de particulares y repartiendo pizzas durante un tiempo para poderte pagar tus estudios universitarios.*

— *¿Y qué estudiaré?*

— *Espera. No seas impaciente... Dejarás esos trabajos y sacarás beneficio de tus principales habilidades.*

— *¿Cuáles?*

— *Los idiomas y la música. Hablarás inglés, español y francés, e impartirás clases de ellos, de guitarra y de piano.*

— *Entonces... ¿Seré profesor?*

— *No exactamente. Lo dejarás para trabajar como intérprete en la policía, luego el Tribunal Supremo de Virginia, después el Senado de Estados Unidos y finalmente para el FBI.*

— *¿... El efe qué?*

— *Dominarás nueve idiomas y llegarás a ser el traductor simultáneo del presidente de Estados Unidos, Barack Obama, y profesor universitario en la James Madison University de Virginia. Con veinte años serás el primer español en dirigir un coro de música góspel en una iglesia afro-americana estadounidense. Obtendrás cinco titulaciones universitarias en Norteamérica y Centro Europa, y un premio académico de matemáticas en Estados Unidos. Trabajarás en un proyecto de ayuda al desarrollo económico en la ONU, en Suiza, durante dos años, y en ese tiempo te presentarás al casting de un largometraje donde conseguirás el papel principal. Dejarás la ONU por el cine y luego crearás una empresa que generará más de 100 puestos de trabajo en sus primeros cuatro años, crecerá más de un 3,000 %, y será portada de todos los periódicos nacionales. Se llamará 8Belts.com y será el primer método a nivel mundial que enseñe un idioma en menos de* 15 *ocho meses. Como consecuencia de ello recibirás numerosos premios, incluido el Premio a la Mejor Trayectoria Profesional por el estado de Ohio en Estados Unidos y emprendedor del año en España.*

— *Disculpe, creo que se ha equivocado de niño. Yo soy de un pueblo muy pequeño, que se llama Fisterra. Mis padres sólo tienen una tienda y yo apenas hablo el castellano y un poco de gallego. Soy un niño corriente, con una vida corriente y con una familia corriente. ¿Seguro que este futuro no corresponde a otro?*

— *No. Es el tuyo.*

Lo importante no es cómo de modesta es la salida, sino cómo de triunfante es la llegada.

INTRODUCCIÓN - *LA INTELIGENCIA DEL ÉXITO*

—**E**stoy preocupada por mi hijo.
 —¿Por qué? ¿Qué le sucede?
 —Siempre ha sacado muy buenas notas y esta vez han bajado sus calificaciones de forma inusual.
 El maestro observa las evaluaciones en cada una de las asignaturas y suspira con una marcada actitud derrotista:
 —Si no ha sacado mejores notas, será que el niño no da para más.
 El maestro se llamaba don Manuel, el niño se llamaba Anxo, y la mujer se llamaba Lourdes, mi madre.

La Inteligencia del Éxito es el libro para poner fin a historias como esa. Seguro que don Manuel no lo hizo con mala intención, pero incluso sin ser consciente de ello, estaba jugando con palabras que pueden ser más mortíferas que la pólvora. Este libro se ha escrito para demostrar que todos podemos multiplicar nuestra inteligencia del éxito, independientemente del lugar de donde provengamos, del intelecto con el que partamos, de los reveses que hayamos sufrido o de las veces en que intentaran cortar nuestras alas. ¿Por qué? Porque a ser inteligentes... se aprende. Y estamos tan sólo a unas páginas tú de comprobarlo y yo de demostrártelo.

Si una persona inteligente toma una y otra vez decisiones mucho menos acertadas que otra que supuestamente lo es menos, entonces el inteligente es el segundo y no el primero. El éxito no es más que el resultado de las decisiones que tomamos. Y en la medida en la que mejores esa capacidad de tomar constantemente la decisión más acertada, estarás aumentando tu inteligencia del éxito. Los 88 Peldaños en los que estás a punto de adentrarte representan las 88 formas rompedoras, ingeniosas, reveladoras y mágicas de conseguirlo.

¿Cuál es el propósito de este libro?

Hay mil posibilidades para responder a esa pregunta, pero quédate tan sólo con esta palabra: BRECHA.

El único objetivo con el que he analizado y elegido cada palabra que he escrito para que formase parte de este libro y para que luego penetrase tu mente es este:

La brecha que este libro creará en tu presente se convertirá en un antes y un después en tu vida... en el 100   de los casos.

Unos Peldaños podrán impactarte mucho y otros muchísimo, pero por un lado ninguno de los 88 te dejará indiferente, y por otro, entre ellos descubrirás tus Peldaños de oro, y te encontrarás con que su efecto en tu mente será una revolución en tu vida.

¿Por qué estoy tan seguro? Porque juego con ventaja. Me han llegado miles de mensajes con historias de personas de todo el mundo diciendo que la colección «88 Peldaños» es diferente de todo lo que han leído anteriormente, explicándome paso a paso por qué los Peldaños de la colección han creado un punto de inflexión en su vida tanto para emprender, ser mejores padres, para su vida personal, su vida profesional y numerosas áreas adicionales. Es tu turno.

Por último, dado que SI EL ÉXITO NO SE COMPARTE, ES QUE NO LO ES, una parte de nuestro éxito debe ser compartido. Si hay algo por lo que busco caracterizarme por encima de otras cosas, es la COHERENCIA. No hay nada en todos los Peldaños que he escrito, anteriores y actuales, que yo no haya puesto en práctica antes. Con el concepto de compartir el éxito no podía ser diferente. Que sepas que con la compra de este libro ya has compartido un pedacito de tu éxito. He decidido donar una parte de mis derechos de autor a los niños de la ONG EDUCO y a la Fundación Sandra Ybarra para la investigación contra el cáncer. ¿Por qué? Porque SI LA SOCIEDAD TE HA DADO TU ÉXITO, UNA PARTE DE ÉL CORRESPONDE DE VUELTA A ELLA. Con tu compra de este libro has contribuido. Gracias.

Tengo una última sorpresa para ti. Dado que todos los libros de la colección «88 Peldaños» pueden leerse de forma correlativa o aleatoria, tanto si eliges hacerlo de la primera forma como de la segunda, te pediré que te guardes los 8 últimos Peldaños para el final. ¿Por qué? Ellos son ocho de los Peldaños más bonitos de todo el libro, y los he dejado en último lugar de forma deliberada. Serán tu premio por llegar al final de esta segunda «escalera» del éxito. De todos ellos hay uno que, con diferencia, es el más impactante, conmovedor, rompedor, vibrante y sabio. Por supuesto no hablo de otro. Es el 88.

Bienvenido a esta segunda Ruta del Éxito. Agárrate bien. Va a ser una experiencia transforma-vidas.

1. EL COCIENTE INTELECTUAL DEL ÉXITO

Los detractores de los test de inteligencia defienden que no son válidos por un motivo. Las pruebas de sus exámenes pueden ejercitarse, por lo que, según ellos, no obtiene más resultados quien es más inteligente, sino quien más veces los realiza. Defienden que si haces la prueba más de una vez, acabas pillando el truco al examen, y tus resultados acaban mejorando. Sin embargo, mi interpretación de ese hecho es justo la contraria: si tu puntuación puede aumentar es porque tu inteligencia puede mejorar. La inteligencia no es algo estático, sino fluctuante; no fijo, sino mejorable.

Dado que nadie ha creado un CI del éxito, nadie puede saber el cociente intelectual del éxito de cada persona, pero que no conozcamos ese número no quiere decir que no haya unos que lo tengan mucho más elevado que otros. Tras años investigando qué personas tienen un CI del éxito mayor y qué hábitos los hacen únicos, estos son mis consejos para ti de lo que yo he extraído de ellos.

Entrena el hábito de curiosear. Una de sus principales cualidades es que han desarrollado la virtud de tener una curiosidad insaciable, y ese es el primer paso para acabar descubriendo cosas increíbles. La inmensa mayoría serán descubiertas sólo por el placer de saberlas, pero unas cuantas de entre ellas acabarán siendo llaves que en el momento adecuado te abrirán un atajo hacia tu éxito. ¿Cuál es la forma de entrenar esta aptitud? Si compras un coche nuevo, pulsa esos botones que no sabes para qué sirven. Si desconoces el funcionamiento de un aparato, investiga tú cómo manejarlo en lugar de preguntar a otro. Si siempre tomas el mismo camino al trabajo, hoy elige uno que nunca has tomado. Al principio no lo hagas tanto por descubrir cosas como por entrenar tu curiosidad. En la medida en que esta aumente, tu CI del éxito también lo hará.

Entrena el hábito de adquirir conocimiento. Si te pido que pienses en alguien que siempre parece tener todas las respuestas a todo, seguro que una o dos personas te han venido a la mente de forma inmediata. Mi amigo More es esa persona para mí. Siempre lo sabe todo. ¿Casualidad? En absoluto. En su casa tiene una biblioteca más grande que la de muchos colegios. Él se guía por un principio que me encanta y que te recomiendo: «nunca escatimes en conocimiento». Si alguna vez tienes que decidir entre comprar un libro y comprar una comida, elige el libro.

Una comida te alimenta por un día.
Un libro te alimenta para toda la vida.

Entrena el hábito de aprender nuevas destrezas. Presta atención a algo revolucionario que te voy a contar a continuación. Es un principio sobre la adquisición de habilidades que casi nadie conoce y que te golpeará en la cabeza como un ladrillo:

Imagínate que aprender una destreza te llevase cien horas de práctica. Supón que todo ese conocimiento lo dividieras en dos grupos: la primera mitad, que representa pasar de no saber nada a ser mediocre, y la segunda mitad, que representa pasar de ser mediocre a ser experto. Ahora viene el ladrillazo:

Lo que se tarda en adquirir la primera mitad de una habilidad y ser mediocre es una hora. Lo que se tarda en adquirir la segunda mitad y ser experto son las 99 restantes.

Este principio es terrible para los que quieran ser expertos, pero REVOLUCIONARIO para ti que sólo buscas aumentar tu lista de destrezas. Reléelo un par de veces y no pases al siguiente hasta que no hayas captado su enorme magnitud.

Entrena el hábito de relacionarte. Las personas con mayores capacidades para salir adelante, esto es, mayor CI del éxito, han desarrollado no sólo el don de gentes, sino la disciplina de aplicarlo: exponerse, salir, conocer gente, mantener relaciones, adquirir contactos. Pero lo que los diferencia verdaderamente de otros es que no lo hacen por lo que puedan obtener a cambio, sino porque han aprendido a disfrutar de ello. Sus relaciones no son interesadas, sino genuinas. Y ¿qué sucede como consecuencia? Cuando muestras un interés genuino por alguien, ese alguien estará más que encantado de ser escalón en tu escalera del éxito el día que necesites de su impulso.

Las mayores puertas hacia el éxito no son puertas. Son personas.

Entrena el hábito de no preocuparte. Si hay algo que realmente sitúe en una categoría aparte a las personas con mayor CI del éxito es su capacidad para gestionar la preocupación. Mientras el resto del mundo se atenaza por nimiedades, ellos no se inmutan ni con grandes infortunios. Aquí te dejo la semilla para que des tu primer paso de cara a la conquista de este punto.

Preocúpate sólo de aquello que puedas e intentes cambiar. Al resto, no le concedas ni un suspiro.

O mejor aún...

#LaInteligenciadelÉxito
No te preocupes por nada que no vayas a recordar dentro de un mes.
@Anxo

2. LOS FRACASOS DE ANXO

«¿Y si fracaso?»

¿Esa es una pregunta que te preocupa? Pues agárrate que aquí viene la sorpresa.

Lo peligroso no es que tengas muchos fracasos, sino que no tengas ninguno.

¿Por qué?

Porque tener muchos fracasos es tener muchos aciertos. El que acertó mucho es porque probó mil opciones diferentes, de las cuales normalmente la inmensa mayoría no dieron fruto. ¿Conclusión?

#LaInteligenciadelÉxito
Si quieres acertar mucho, falla mucho.
@Anxo

Quizás una de las cosas más bonitas de haber publicado *Los 88 Peldaños del Éxito* son los miles de correos electrónicos que he recibido y sigo recibiendo de personas de todo el mundo que me escriben explicándome cómo el libro les ha revolucionado su vida. Yo agradezco cada uno de sus mensajes y considero que si mi historia les ha inspirado, mi vida tiene un poco más de sentido a raíz de ello. Si las cosas que he hecho en mi vida sirven para inspirar a otros, yo seré el primer agradecido por ello, ya que mi sueño es que

---

ninguno de mis éxitos sirva para elevarme a mí más que para inspirar a otros.

Pero me gustaría que nadie se quede con la idea de que mi vida es un cúmulo de éxitos *y sólo* éxitos, ya que esa perspectiva no sería correcta. En mi camino hasta el presente ha habido mil fracasos y yo quiero compartirlos por dos motivos. El primero es para que nadie me coloque en un pedestal que no me corresponde. El segundo es para que cuando tú tengas que atravesar los tuyos, tengas en mente también los míos y reconozcas que

---

los fracasos no son impedimento para el éxito, sino el camino hacia él.

La gente sabe que he obtenido cinco titulaciones universitarias, pero seguramente desconoce que he sido rechazado cuatro veces en varias universidades de prestigio: George Mason University, George Washington University, American University y Johns Hopkins University. Cada vez que denegaron mi solicitud de admisión sufrí el dolor del rechazo, y lo que es peor, durante un tiempo sentí que era un incompetente y mis capacidades insuficientes. Muchos están al tanto de un premio que recibí en Estados Unidos por mis aptitudes en matemáticas y que gracias a ellas conseguí construir el algoritmo sobre el que se asienta toda la estructura de 8Belts, pero pocos conocen un episodio que durante varios días me tuvo deprimido y con el deseo de abandonar mis estudios cuando con catorce años suspendí esa asignatura y mi profesor me dijo que estudiara otra cosa. Con veinticinco años organicé con un socio fiestas entre estudiantes Erasmus y españoles, y aunque muchas fueron un éxito, a una asistieron tan sólo tres personas y yo me sentí tan sonrojado por el fracaso que la convertí en la última. Con quince años, antes de irme a vivir a Estados Unidos, no sólo estaba federado en el Fisterra Club de Fútbol, sino que había sido el máximo goleador del equipo. En Estados Unidos me ofrecieron una beca para practicar ese deporte una vez ingresé en la universidad, pero una y otra vez mis sueños se vieron truncados, ya que mientras en España destacaba, allí era tan sólo uno más, y quedarse a medio camino de tus aspiraciones, duele. Y a nivel empresarial, he tomado decenas de decisiones que han costado numerosos disgustos y mucho dinero a mi empresa 8Belts, y aunque me encantaría no volver a fracasar nunca con los pasos que doy como CEO (consejero delegado) de la empresa, sé que por mucho que lo intente, ese tipo de errores los seguiré cometiendo, pues

---

hacer es errar y no fallar es no hacer.

Si echo la vista atrás, realmente mi lista de fracasos no tiene fin. Yo no creo en esas vidas de color de rosa en las que todo es perfecto y en las que nunca hay reveses. En la mía sí los hay y está plagada, no de rosas, sino de grises, azules, amarillos, rojos y negros, pero precisamente por eso es real y es bonita. Lejos de avergonzarme de mis fracasos, reconozco que una parte de lo que hoy soy y de lo que he aprendido es exclusivamente gracias a ellos. Si te va a preocupar algo, que no sean tanto los fracasos como la ausencia de ellos. Ellos son el punto de crecimiento de tu inteligencia del éxito.

Donde no hay fracasos es porque antes no hubo osadía, y donde no hay osadía, no puede haber victorias.

3. EL EPISODIO DE LA BAÑERA

La escena se convirtió en habitual. Era tan graciosa. Ella debía de tener unos dos años de edad, y la idea de que la desnudaran y la metieran en una bañera para su baño diario le horrorizaba. Pataleaba por no entrar. ¿Dónde estaba la gracia? En que una vez dentro pataleaba por no salir. Seguro que mi hermana Carla, la protagonista de la historia, ni se acuerda de que durante un tiempo ese episodio se repetía cada noche. En casa lo llamábamos «el episodio de la bañera».

Si tienes hijos, probablemente ya has presenciado «el episodio de la bañera» mil veces con los tuyos, pero a lo mejor no te has dado cuenta de lo que representa.

Lo que esta historia explica es que el ser humano fue diseñado más para perpetuar lo existente que para provocar lo nuevo, ya que esto supone cambios, y los cambios suponen esfuerzo. Cuando estás fuera de la bañera, es más fácil seguir fuera, pero una vez dentro, lo fácil es no salir. La bañera es un ejemplo intrascendente, pero si tomamos la bañera como símil para un cambio de vida, entonces es más sencillo entender que por naturaleza tenemos aversión al cambio, ya que nuestra primera reacción ante un cambio vital drástico es la misma que con la bañera: «no quiero entrar». Y ¿qué sucede cuando damos el salto e implementamos el cambio? Podrá habernos ido mejor o peor, pero casi nunca estamos dispuestos a dar marcha atrás. «Ahora no quiero salir.»

#LaInteligenciadelÉxito
Todo cambio requiere un pequeño esfuerzo,
pero encierra un enorme tesoro.
@Anxo

Quédate con estas palabras: en la medida en la que controles tu inclinación innata a rechazar los cambios, estarás aumentando tu inteligencia del éxito. ¿Por qué? Porque el éxito está en lo diferente, en experimentar, en explorar, en sacudir, en transformar, en cambiar, en trastear, en curiosear, en probar, en inconformarse y en entender que no puedes hacer lo mismo que el año anterior si quieres un éxito mayor el año siguiente. Pero eso requiere cambios. Y entender el valor de los cambios requiere inteligencia.

La inteligencia del éxito es la que combate el rechazo sistemático al cambio y provoca el camino inexorable al éxito.

---

4. SÉ UN SUPERDOTADO

—Anxo, ¿eres superdotado?

—Por supuesto. Soy superdotado en mi codo derecho y mi codo izquierdo.

—¿...?

—La superdotación, tal como tú la entiendes, me interesa poco. Tal como la entiendo yo, me interesa mucho. La tuya es una superdotación sin esfuerzo, gratuita. La mía requiere todo el esfuerzo del mundo, pero es la que más vale la pena.

Decidí que quería aprender a tocar el piano y no paré hasta que lo conseguí. Luego aprendí a tocar ocho instrumentos más. Alguno, como la batería, a niveles altos, me pareció la cosa más compleja del mundo. Me frustré y me afané pero nunca lo dejé. Aprendí primero ocho idiomas (no te puedes imaginar las miles y miles de horas que eso me llevó), incluido el chino mandarín, y luego me enzarcé con el ruso. Me resultaba tan complejo que en mi mente me parecía un imposible. ¿Qué hice acto seguido? Trabajar como si fuera imposible que fuera imposible. Me costó horrores. Pero actualmente no sólo puedo hablarlo con fluidez, sino que incluso he dado parte de uno de mis discursos en Kazajistán completamente en ruso.

Durante la gira promocional de *Los 88 Peldaños del Éxito* di decenas de conferencias por toda España. Me levantaba a las siete de la mañana y a veces daba un total de quince entrevistas entre radio, televisión y prensa entre las 8 y las 19 horas. A las 20 horas empezaba la conferencia y luego me quedaba firmando libros hasta que no quedara una sola persona en la fila. A veces no llegaba al hotel hasta la una o dos de la madrugada. Sin embargo, no hubo una sola de esas veces, estuviera lo cansado que estuviera, que no estudiara mis treinta minutos de ruso al final del día, ya que era el idioma en el que estaba trabajando en esos momentos. ¿Por qué? Porque tenía un objetivo y había tomado la resolución de que conseguirlo era innegociable. El premio era demasiado bonito.

Puedes elegir la comodidad o la intensidad, pero rara vez ambas.

¿Qué hay en común en todo esto que te cuento?

Determinación. Perseverancia. Tenacidad. Diligencia. Sacrificio. Esfuerzo. Actitud.

Esa para mí es la verdadera superdotación.

La otra, la gratuita, está sólo al alcance de unos pocos y no te lleva lejos. Esta, la trabajadora, está al alcance de todos y, además, te lleva lejísimos.

Este es el motivo por el que el éxito es democrático. Unos podrán tener más facilidad para unas cosas que otros, pero TODOS tenemos a nuestro alcance la opción de decir:

¡No! Hoy tampoco me doy por vencido.

#LaInteligenciadelÉxito
La superdotación no está en tu cerebro.
Está en tus ganas.
@Anxo

5. EL CONTRAPESO

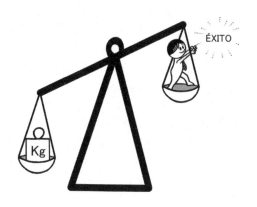

MALO-lete tenía mala memoria. Él sabía que si MALO-lita, su pareja, le enumeraba siete alimentos para que los comprara al volver del trabajo, él sólo recordaría tres, y que si su mecánico le decía que su coche tenía varios problemas, él no conseguiría recordar más de la mitad para cuando llegase de vuelta a casa. Su amigo BUENE-dicto, por el contrario, tenía una memoria muy buena. De hecho, estupenda. Podía recordar cualquier cosa que le contaran, conseguía describir momentos de su infancia con todo tipo de detalles e, incluso, era capaz de memorizar las fechas de nacimiento de personajes históricos. Un día, su esposa BUENE-dicta, durante un evento en el que ambas parejas coincidieron, hablando de la memoria de su esposo con MALO-lita, le confesó que, a pesar de su gran memoria, era habitual que su marido de vez en cuando se olvidara de alguna cosa.

—Después de todo siempre hay mil cosas que recordar —expresaba BUENE-dicta a modo de justificación— y no es de extrañar que alguna, de entre tantas, se le escape.

—Pues el caso de MALO-lete es muy curioso, ya que no tiene buena memoria pero al final nunca acaba olvidando nada. No sabría muy bien el motivo, pero lo cierto es que es así.

—Qué curioso. ¿Estás segura de que tiene mala memoria?

—*Sí. Terrible. Pero ahora que lo pienso, es cierto que SIEMPRE anota todo. Quizás sea por eso...*

¿Cómo puede ser que a MALO-lete, que tenía una memoria desastrosa, no se le olvidaran cosas y a BUENE-dicto, que la tenía prodigiosa, sí?

La respuesta está en el contrapeso.

MALO-lete es consciente de que su memoria no es prodigiosa, sino más bien lo contrario, y de que eso no va a cambiar. Y la manera de contrarrestar esa debilidad es haciendo uso de un contrapeso, un mecanismo compensatorio que hace que su nuevo yo, en esa área, no sólo sea más fuerte que antes, sino incluso más fuerte que muchos. Su contrapeso consiste en anotarlo absolutamente todo. Hay un gran motivo por el que hacer uso del contrapeso es aumentar tu inteligencia del éxito, y es que el contrapeso tiene el poder de convertir una debilidad en una fortaleza.

Entender esto hace que lo que inicialmente para ti sea un problema acabe convirtiéndose en una ventaja. MALO-lete acaba recordando las cosas no porque tenga mejor memoria, sino precisamente por no tenerla, ya que eso le obliga a anotarlas. La paradoja de este Peldaño está en que nadie elegiría tener un problema de memoria y, sin embargo, si no lo hubiera tenido, no haría uso de la herramienta que constituye el contrapeso y le permite recordar las cosas mejor que aquellos que la tienen buena. Es precisamente la existencia de la debilidad la que te da la motivación para encontrar un contrapeso, ya que si no existiese la debilidad, tampoco existiría la motivación.

#LaInteligenciadelÉxito
Lo importante no es tu número de flaquezas,
sino cuántas de ellas conviertes en fortalezas.
@Anxo

Tu médico te dice que tienes un problema de espalda que sólo puedes sanar fortaleciéndola. ¿Qué decides hacer? Poner en marcha tu contrapeso y hacer ejercicio. Ahora no sólo tienes una espalda más fuerte que antes. Además, tienes mejor salud.

Tu jefe te dice que te ve falto de conocimientos. El primer día te hunde. Luego decides encontrar tu contrapeso. Completas un MBA y, como consecuencia, te conviertes en el jefe de tu jefe.

Tu pareja lleva una temporada demasiado negativa. Tú le regalas este libro como contrapeso. Ahora no sólo ha encontrado un Peldaño que le hace ser más positiva, sino que, además, ha descubierto tres Peldaños de oro más que le han revolucionado la vida. ☺

La lista no es larga, sino larguísima. Lo único que tienes que hacer para que este Peldaño aumente tu inteligencia del éxito es tenerlo presente cada vez que te halles ante una debilidad y dar la vuelta a los problemas para convertirlos en ventajas, aplicando el poder del contrapeso.

Tener un contrapeso es convertir una pequeña debilidad en una gran fortaleza.

---

6. LA BICI

¿Te das baños?

No. No me refería a los que te limpian el cuerpo. Me refería a los que te limpian el alma. No a los baños de espuma, sino a los de humildad.

El síntoma más claro de falta de inteligencia entre la gente que alcanza cualquier tipo de éxito tiene lugar cuando el aumento de su éxito produce un descenso de su humildad.

#LaInteligenciadelÉxito
La sabiduría y la arrogancia son dos ascensores que se cruzan.
Cuando el primero baja... el segundo sube.
@Anxo

—*Anxo, soy la encargada de la organización del evento de entrega de premios de mañana en el Hotel Palace de Madrid. Como sabe, se entregarán veinte medallas a otros tantos galardonados y posteriormente saltará usted al escenario para recibir el premio principal y dar su discurso de recogida.*

—*Entendido.*

—*Aprovecho para felicitarle por su premio.*

—*Muchas gracias.*

—*Como sabe, al evento hay que acudir de esmoquin. Tendremos un coche con chófer preparado para recogerlo a las 9 en su casa. ¿Me dice la dirección?*

—*Gracias por el ofrecimiento, pero no será necesario. Iré en bicicleta.*

—*¿Perdón? ¿En bicicleta?*

—*Así es.*

—*En bicicleta... ¿de esmoquin?*

—*Sí. En bicicleta y de esmoquin.*

La conversación se demoró unos cinco minutos más por todo el tiempo que me llevó convencerla de que no era una broma.

—*Le parecerá una indiscreción por mi parte, pero me produce curiosidad que prefiera ir en bicicleta a ir en coche con chófer.*

—*No es ninguna indiscreción. Hay dos motivos por los que prefiero la bicicleta. El primero, que he construido 8Belts yendo a trabajar todos los días en esta misma bici. Si el resto del año ese es mi medio de transporte, considero coherente que el día del premio no deje de serlo. El segundo, que no quiero que ningún premio me haga perder la noción de quién soy, con o sin éxitos. Recoger este prestigioso premio en esmoquin pero en bicicleta es mi forma de pensar no solamente en hacia dónde voy, sino también en de dónde vengo.*

Ella me regaló una de esas sonrisas telefónicas que no se ven...

Pero se oyen.

Me imagino que al leer la historia es posible que te quede cierta duda sobre si mi relato es fiel a lo que sucedió o si lo he exagerado de alguna manera. Puedes estar tranquilo. Aunque lo he contado tal cual sucedió, no necesitas fiarte. Este es el enlace al vídeo que incluye no sólo el discurso de recogida del premio, sino las caras de sorpresa de los invitados ante la llegada del premiado en esmoquin y en bicicleta.

anxoperez.com/anxoenbici

Si no lo has hecho ya, te recomiendo asimismo que leas el Peldaño 29 de *Los 88 Peldaños del Éxito*. En él aparece el desarrollo de un principio que yo me he prometido tener siempre presente, el cual explica por qué en 8Belts no contratamos a gente arrogante por muy impresionante que sea su currículum. Este principio es que una persona arrogante busca brillar. Pero una persona humilde busca crecer.

Para acabar el Peldaño, lo completaré con otra historia de esas que limpian el alma, igual de reveladora e igual de real que la anterior y que tuvo lugar unos años antes.

Me encontraba con un amigo en una fiesta cuando la anfitriona nos presentó a un hombre de unos cincuenta años, con barba y muy elegantemente vestido. Charlamos con él brevemente, y en los pocos minutos que duró la conversación, se pasó casi todo el tiempo haciendo alarde del hecho de que prácticamente nadie domina seis idiomas, pero él sí. En cuanto se giró y nos despedimos, mi amigo se apresuró a compartir sus sensaciones:

—Sé lo que estás pensando.

—¿...?

—Qué imprudente este señor presumiendo de sus seis idiomas, sin saber que tú hablas nueve. Me imagino que habrá inflado tu ego.

—Te equivocas. En realidad no ha sido un baño de ego, sino un baño de humildad.

—¿Cómo es posible? —exclamó mi amigo sin ocultar su confusión.

—Porque estaba pensando no en el hecho de que él presumiese de hablar seis idiomas sin saber que yo hablaba nueve, sino en las veces en que yo pude haber presumido de hablar nueve sin saber que ante mí tenía a alguien que dominaba doce.

Tener inteligencia del éxito es tener presente esta frase, la cual se encuentra entre las frases más curativas, a fin de repetírtela a ti mismo durante toda tu carrera hacia el éxito:

No pierdas nunca de vista la humildad. Es el lugar más sano del mundo.

7. RESULTADOS DIRIGIDOS

Estás a punto de adentrarte en el que puede ser el Peldaño con mayor impacto en tu inteligencia del éxito. Si consigo que su esencia se convierta en una parte fundamental de tu mente, su efecto revolucionará tu inteligencia y su aplicación de cara al éxito.

La inmensa mayoría de las personas con las que entras en contacto en tu día a día se mueven por inercia. Llevan a cabo tareas y acciones que en general son un calco de otras que a su vez son un calco de otras anteriores. Son víctimas de unos patrones estandarizados que son los que rigen sus vidas. Pero es necesario rebelarse contra esos moldes, ya que no es posible obtener unos resultados mucho mayores que los obtenidos anteriormente sin realizar un cambio en los patrones que los produjeron.

#LaInteligenciadelÉxito
La primera regla para conseguir más resultados que nunca es no tomar
los mismos caminos de siempre.
@Anxo

Este Peldaño se va a centrar en romper un patrón muy concreto e introducir un nuevo paradigma en tu mente de una gran eficacia. El punto de partida es la siguiente pregunta. A la hora de cerrar acuerdos, alcanzar objetivos, conseguir sacar adelante proyectos o lograr hitos aparentemente inalcanzables, ¿por qué unos, los menos, triunfan de forma tan frecuente y otros, los más, triunfan de forma tan infrecuente? ¿Realmente es cuestión de fortuna y suerte?

Por supuesto que no. La respuesta constituye el núcleo de este Peldaño y quizás de este libro. El motivo es que...

Dirigen los resultados.

Imagínate una carrera de caracoles en la que todos los participantes llevan caracoles normales menos tú, que eres neurocientífico y llevas uno que has logrado modificar genéticamente. Le has insertado un chip y consigues que cada vez que digas derecha, izquierda, adelante o atrás, el caracol te obedezca. El resto de los contrincantes sólo puede invertir toda su energía en el proceso de selección del caracol. Pero una vez lo posan en el suelo y se da el pistoletazo de salida, ellos han perdido todo el control de la situación, ya que sus caracoles son caracoles errantes, los cuales se mueven arbitrariamente. Lo único que los concursantes pueden hacer es cruzar los dedos y esperar que el caracol avance como ellos desearían que avance. En cambio tú puedes conseguir que tu súper-caracol dirigido llegue el primero a la meta porque puedes seguir controlando cada paso del camino incluso después de posarlo.

¿Qué representan los caracoles en la vida real?

Imagínate que quieres conseguir clientes para tu empresa de diseño gráfico recién montada y empiezas a repartir tarjetas de visita a todas las personas que conoces con la esperanza de que alguna necesite de tus servicios y te llame. Si esa es tu principal estrategia, lo que has hecho es posar sobre el suelo un caracol errante. ¿Podría llegar casualmente a su meta? Sí, pero que lo haga ya no depende de ti.

En la medida en que no seas tú quien dirija el recorrido, tampoco serás tú quien provoque el resultado.

Ahora imagínate que en lugar de usar esa estrategia usas esta otra. Preguntas a todos tus contactos si saben de algún particular o empresa que ya esté haciendo uso de servicios de diseño gráfico o pueda necesitarlos. Haces una lista de todos ellos y la clasificas con todos los datos que te han proporcionado. Luego la completas con otros que tú investigas por internet. Cuando por fin tienes toda la información necesaria, tú los llamas, tú los visitas, tú les explicas tu producto y tú les das todo el seguimiento necesario hasta que lo acaban comprando. Y cuando lo hacen, los sigues cuidando para garantizar su satisfacción y que te sigan contratando en el futuro.

Eso es un caracol dirigido. Eso es provocar resultados.

Actualmente me sigue dejando perplejo el número de personas que pone en marcha caracoles errantes con la esperanza de que, por arte de magia, se conviertan en caracoles dirigidos.

Si tú te comprometes conmigo a clasificar a partir de hoy cada acción que lleves a cabo para lograr un objetivo como «caracol errante» o «caracol dirigido», yo me comprometo contigo en asegurarte que esto disparará tu inteligencia del éxito. Cada vez que pongas en marcha un plan, una acción, un proyecto, una petición, una colaboración, un intento para conseguir lo que sea, pásalo por este filtro: ¿Es un caracol errante o un caracol dirigido?

Ser el dueño del camino es ser dueño del destino.

8. CÓMO SER UN CERRADOR

A medida que te vayas adentrando más en la lectura de este libro, irás viendo que cada Peldaño suele ir describiendo un binomio, y de sus dos componentes, uno siempre constituye la fórmula que aumenta tu inteligencia del éxito. Tu éxito aumentará, con una correlación casi matemática, en la medida en que tu cerebro sea conocedor del mayor número de binomios, por un lado y, de sus dos componentes, consiga elegir el que aumenta tu inteligencia del éxito, por otro.

El binomio del que se ocupará este Peldaño trata sobre cómo el tipo de vocabulario que empleas puede conseguir que mejoren o no los resultados que produces.

**Domina el don de la palabra y dominarás
el arte del triunfo.**

Tomemos una conversación que tú mantienes para intentar poner en marcha un plan. Puede ser realizar una actividad con un amigo, tantear a un conocido para emprender un negocio juntos o una reunión de trabajo en la que hay que sacar conclusiones. En todas ellas existen dos tipos de vocabulario: el de despegue y el de aterrizaje. Y el que a ti te interesa es el segundo.

El de despegue es el vocabulario de la divagación. Se llama de despegue porque se dirige hacia las nubes. Es disperso, inconcreto y etéreo. Casi nunca produce resultados y es enemigo de las conclusiones. El de aterrizaje es el vocabulario de la concreción. Se llama de aterrizaje porque se ancla en la tierra. No sólo es nítido, claro y concreto, sino que además pone foco, provoca conclusiones y genera resultados.

El poder de las acciones yace en su capacidad para ejecutar resultados. El poder de las palabras, en dirigirlos.

Existe un concepto en el mundo de los negocios y en el campo de las ventas usado para definir a aquellas personas con una habilidad especial para cerrar una negociación o una venta de forma exitosa y en poco tiempo. A cada una de estas personas se le denomina «cerrador», y lo que los convierte en «cerradores» es su habilidad para dejar de divagar y conseguir concretar. Esta habilidad es uno de los principales atributos de la inteligencia del éxito, por lo que adquirirla debería estar entre tus principales prioridades en tu carrera hacia tus objetivos. ¿Cómo se logra? Entrenando tu mente para adquirir un vocabulario de aterrizaje en detrimento de uno de despegue. Fíjate en este par de situaciones y en todas las frases de aterrizaje que usan ambos cerradores.

Ejemplo uno. Varias personas llevan a cabo una reunión para coordinar ayuda humanitaria para un grupo de gente afectada por un desastre natural. Las intenciones son las mejores pero los progresos, nulos. Nulos... hasta que el cerrador desatasca la reunión con varias frases de aterrizaje:

—*PARA CONCRETAR... dado que llevamos un rato poniendo muchas propuestas sobre la mesa, ¿QUÉ OS PARECE SI INTENTAMOS SACAR CONCLUSIONES?*
—*Lo que pasa es que hay demasiadas.*
—*¿OS PARECE BIEN QUE EXTRAIGAMOS LAS TRES PRINCIPALES?*
—*Pero no está nada claro cómo se llevaría todo a cabo. Se ha hablado de muchas cosas...*
—*OS PROPONGO UN PLAN.*
Todos lo miran con atención y guardan silencio expectantes.
—*MI PLAN ES MUY SENCILLO Y MUY CONCRETO: dado que no tenemos claro cómo continuar, propongo que hagamos TRES COSAS una vez hayamos extraído las conclusiones anteriores. La primera es DETERMINAR LOS PASOS A DAR. La segunda es DESIGNAR UN RESPONSABLE para cada uno de los pasos. Y la tercera es FIJAR UNA FECHA para la siguiente reunión. ¿QUÉ OS PARECE?*
—*Perfecto.*

Ejemplo dos. Darío, un productor audiovisual, coincide en una fiesta con Katia, una presentadora de televisión en paro a la que había conocido unas semanas antes. En aquella ocasión, Darío le había mencionado que tal vez podría conseguir incluirla como colaboradora en algún programa. Esa esperanza en el primer encuentro no dio frutos y en el segundo tampoco los hubiera dado, de no ser por las frases de aterrizaje que Katia usó para cerrarla.

—*No sé si has tenido ocasión de pensar en ALGUNA POSIBILIDAD CONCRETA EN LA QUE YO PODRÍA ENCAJAR.*
—*Sí. Te he tenido en mente, pero todavía no he encontrado ninguna.*
—*TE PROPONGO UNA COSA.*

—*Dime.*

—*TENGO UN PLAN EN MENTE QUE TE VA A GUSTAR.* Como no me has visto presentando, *HAGAMOS LO SIGUIENTE:* dime *QUÉ DÍA DE ESTA SEMANA TE VIENE BIEN,* y yo me acerco a tu despacho, te muestro mi vídeo-book e intentamos encontrar *TRES PROGRAMAS CONCRETOS* en los que haya posibilidades de que yo pueda encajar. *SI CONSIDERAS QUE PODEMOS LLEGAR A UN ACUERDO,* hacemos un casting. *En caso contrario, no te robo más tu tiempo.*

—*Me encanta tu plan. Hagámoslo como dices.*

Unas semanas más tarde Katia estaba feliz preparando el piloto de su nuevo programa de televisión.

#LaInteligenciadelÉxito
Tener concreción no es garantía para alcanzar el éxito,
pero no tenerla sí es garantía para no alcanzarlo.
@Anxo

9. N-A-D-A

¿**Q**ué es el abismo?
    —Nada.
    —¿Y el mayor peligro para una persona infeliz?
    —Nada.
    —¿Cómo es que te has mantenido en un trabajo que detestabas durante casi cincuenta años?
    —La respuesta es NADA.
    —¿...?
    —NADA es lo que hice cada vez que me encontraba atrapado en una situación que odiaba. Y acabé odiándola aún más.

«NADA» es el nombre del mayor de los peligros para el ser humano. Cuando en nuestra vida impera la rutina, sentimos que nos morimos poco a poco y que eso equivale a ir derechitos al abismo, ¿qué tendríamos que hacer para asegurarnos de que efectivamente acabamos en ese abismo? NADA. Alguien nos pregunta cómo nos sentimos con nuestra vida y respondemos que infelices. ¿Qué tendríamos que hacer para que si dentro de diez años nos hacen la misma pregunta, acabemos contestando con la misma respuesta? NADA. Nos encontrábamos atrapados durante décadas en un trabajo que aborrecíamos y ¿qué hicimos para cambiarlo? NADA. Si estamos en un río que nos lleva directos a un precipicio, la forma más segura de acabar en él es tremendamente sencilla. Lo único que hay que hacer es NADA. Este Peldaño va de lo contrario. NADA, pero del verbo nadar.

El propósito de la vida no es que sea vivida, sino que sea aprovechada.

Yo también tuve mi desaprovechamiento personal, y durante un tiempo se convirtió en mi abismo. Nunca me gustó el campo de la traducción y de la interpretación, pero casi sin darme cuenta me vi en medio de él y sin la posibilidad de salir, o al menos, eso creía yo. En realidad, esto último siempre es falso, pero mientras estás dentro estás convencido de que es cierto. Trabajaba como traductor simultáneo en congresos técnicos de todo tipo. Yo siempre lo vi como un trabajo temporal, pero un día abrí los ojos, en el sentido menos literal, y me di cuenta de que llevaba cientos de congresos a mis espaldas haciendo algo que realmente detestaba. Iba camino de un abismo. Lo único que tenía que hacer era NADA, y en cuestión de años, mi vida se habría esfumado, mi realización personal habría desaparecido, habría mirado atrás y me habría preguntado por qué no hice nada para cambiar mi destino. Quizás incluso me habría dado la respuesta fácil que muchos se dan: «es la vida que me ha tocado vivir». Pero eso también es falso. Tomé una decisión y concentré toda mi energía en ella igual que una lupa concentra los rayos del sol.

#LaInteligenciadelÉxito
No empieces por mil objetivos. Empieza por uno,
pero ese conviértelo en innegociable.
@Anxo

Decidí saltar no con un pie, sino con dos. Dejé el campo de la traducción, recorté mis gastos, me apoyé en mis ahorros y empecé a trabajar en un gran sueño. Mi sueño era crear el método de enseñanza de idiomas más revolucionario y eficaz del mundo. Nada menos. Fue duro, pero unos años más tarde, 8Belts da trabajo a más de 100 empleados y tiene clientes en más de 50 países. Lo importante de esta historia no es el éxito de 8Belts. Mi empresa podría haber salido malparada y la decisión hubiera sido acertada, ya que lo importante no era su éxito. Era mi cambio.

Si no estás contento con tu situación, sólo hay una única cosa que NO debes hacer nunca: NADA.

La gente que actualmente observa mis éxitos (y no mi esfuerzo) a menudo se queda con la idea de que todo fue fácil y que los éxitos han estado siempre, que todo estaba predeterminado. Pero ni fue fácil, ni ha habido éxitos siempre. La predeterminación no existe, y yo no estaba llamado al éxito. Nadie lo está. Yo, tú y todos sólo estamos llamados a aquello que provocamos. Es por ello que nunca quiero perder de vista mi abismo personal, ya que para mí durante un tiempo fue muy real e incluso probable. Pero cortar la ruta al abismo es posible. Lo único que hay que evitar es no hacer NADA. Da igual lo que sea, pero haz. Con que des un solo paso en cualquier dirección que NO sea hacia ese abismo, podrás tener más éxito o menos, pero al menos no acabarás regalando tu vida al trabajo que odias, a la persona que no amas, o al lugar que detestas.

La única forma de evitar lamentarte mañana
es dando el paso hoy.

10. PAY IT FORWARD

La cadena de favores es el nombre de una emotiva película de Hollywood que en su versión original en inglés no tenía ese título, sino *Pay it forward*, y que popularizó el concepto que el título denota. Dado que ese concepto no existe en español, con tu permiso me tomo la licencia de incluir una breve clase de inglés.

Pay it forward es una expresión que resulta de realizar un juego de palabras con su homólogo *Pay it back*, que significa «devolver». Aunque en español la palabra correcta sea «devolver», literalmente en inglés se está diciendo «devolver hacia atrás». El juego de palabras está en que la expresión acuñada a raíz del «devolver hacia atrás» es «devolver hacia delante», o *Pay it forward*. Ahora viene lo interesante. Si cuando te hacen un favor no lo devuelves hacia atrás, sino hacia delante, y al siguiente le pides que haga lo mismo, ¿qué sucedería? Que tendrías una cadena de favores. Qué bonita forma de traducir algo intraducible. Mi aplauso a quienquiera que sea su artífice.

Durante un tiempo, de adolescente, viví en el estado de Ohio, en Estados Unidos, y como tantos otros jóvenes, tuve una familia de acogida que me alojó en su hogar. A diferencia de ellos, sin embargo, creo que mi fortuna fue infinitamente mayor, ya que Chris y Kathy, mis padres de acogida, acabaron siendo de las personas más adorables que he conocido en mi vida. No sólo me trataron exactamente igual que uno más de sus hijos, sino que hasta sacrificaron muchos de sus privilegios para que yo tuviera los mismos derechos que el resto de los miembros de la familia.

Una vez planificaron unas modestas vacaciones familiares prohibiéndome pagar mi parte. El problema era que al sumar mis costes, el viaje superaba el presupuesto con el que contaban. Aún hoy, se me pone la piel de gallina al recordar sus palabras: *if we can't afford the cost of all family members, we'll cancel the trip* («Si no podemos asumir el coste de todos los miembros de la familia, cancelaremos el viaje»).

Contuve mis lágrimas. Pero muy a duras penas.

#LaInteligenciadelÉxito
Si quieres una vida única, compártela con gente mágica.
@Anxo

Llegó el último día de mi estancia. Su altruismo sin límites y su río de humanidad me habían marcado para siempre. Mi pregunta era inevitable.

—*So much kindness. How can I PAY IT BACK?*
—*We don't want you to pay it back. We want you to PAY IT FORWARD.*

(«—¿Cómo devolveros (hacia atrás) tanta bondad?
—No queremos que la devuelvas hacia atrás. Queremos que la devuelvas hacia delante.)

11. LA INTELIGENCIA DE LA NEGOCIACIÓN

No sería un libro sobre la inteligencia del éxito sin un Peldaño sobre la inteligencia de la negociación. Tal y como he defendido siempre, yo no soy quién para definir tu éxito, pero lo más probable es que, sea lo que sea lo que quieras conseguir, en algún punto de esa trayectoria hacia tu objetivo tendrás que negociar algo con alguien, ya que el éxito casi siempre se consigue con la ayuda de otros y no de forma aislada. Que se sumen a tu proyecto depende de que tú los persuadas, y esto requiere que tú cuentes con inteligencia para la negociación, puesto que persuadir es negociar.

Cuando apenas llevábamos un par de años en funcionamiento en 8Belts y todavía pocos nos conocían, recibí una llamada de una periodista. Quería entrevistarme para un pequeño artículo en su periódico de menos de media página sobre economía colaborativa y ahorro de costes en empresas de base tecnológica. Por aquel entonces yo trabajaba desde un centro de *co-working* (Impact Hub Madrid) y fue allí donde les dieron mi nombre. Para su mini-artículo estaba entrevistando a más de diez personas, por lo que como mucho, a mí me tocaría menos de un renglón. Aquí es donde entra el valor de la negociación:

«Belén, será un placer para mí responder a todas tus preguntas sobre economía colaborativa, pero estoy convencido de que lo que sería realmente interesante para ti es publicar una historia sobre lo que hemos creado en 8Belts. Es un método único en el mundo, hemos crecido un 3,000 % en tres años, tenemos clientes de más de 50 países y ya damos empleo a más de 100 personas. No contamos con financiación externa y considero que nuestra historia es bonita porque da esperanza a otros».

Dos días después aparecía un artículo enorme exclusivamente sobre nosotros en la contraportada de *El País*, el mayor periódico del mundo en lengua española.

anxoperez.com/anxoelpais

Algún día tal vez escriba un libro entero sobre todo lo que he aprendido acerca de cómo negociar mejor. Mientras tanto, este Peldaño te ofrece mis diez consejos más rompedores para mejorar tu inteligencia de la negociación, ordenados del último al primero.

10. *Ten capacidad de renuncia*

El negociador más fuerte es siempre el que tiene mayor capacidad de renuncia, o lo que es lo mismo, capacidad para decir «no». Para ello, ten alternativas adicionales a la que estés negociando. Cuanto más necesitado estés de un «sí», peor es tu posición en la negociación y viceversa.

9. *La negociación es como un puente sin barandilla.*

Si eres demasiado acelerado pecarás de impetuoso y te caerás por su lado derecho. Si eres demasiado analítico, pecarás de lento y te caerás por el lado izquierdo. Evita los extremos y busca el punto medio.

8. *Anticípate a las objeciones*

Una de las claves del éxito en la negociación procede de la preparación, y cuando estés en medio de ella, no te centres sólo en aquello que tú vas a argumentar a tu favor, sino también en identificar qué van ellos a argumentar en tu contra. La pregunta es: «Si yo estuviese en el lugar del otro y escuchase un argumento como el mío, ¿qué le respondería?». Conocer sus objeciones te permitirá saber cómo gestionarlas.

7. *Pierde el que más prisa tiene*

Tenía un conocido que odiaba el fútbol y deliberadamente agendaba sus negociaciones antes de un partido Real Madrid – FC Barcelona. Su interlocutor, al que sí le gustaba el fútbol, a medida que se iba acercando la hora del partido, más prisa tenía por cerrar el acuerdo y más dispuesto estaba a realizar concesiones. Juzgar esa práctica lo dejo en tus manos. Lo que me interesa es que pone de manifiesto que el que tiene más prisa juega con mayor desventaja.

6. *Echa un cerrojo*

El intercambio de dinero es el mejor cerrojo. Si quieres vender algo, por muy caro que sea, cuando la temperatura está alta y ya te han dicho que quieren comprar, pide una cantidad en reserva por pequeña que sea. ¿Por qué? Porque cuando hay un intercambio de dinero, se dispara el compromiso. Imagínate que quieres vender una casa. Incluso si la casa vale un millón de euros, hay más posibilidades de que el interesado la compre si te da 100 € en reserva, aun siendo una cantidad insignificante, que si no te da nada. La fuerza del dinero no está en la cantidad, sino en el

hecho de que en su mente ha dado un paso y ese paso actúa como un cerrojo para la operación. ¿Puede romperse el cerrojo? Sí, pero con menos probabilidad que cuando no lo haya.

5. *Justifica lo que pides*

¿Eres un profesor de piano que quiere cobrar 200 € la hora? Si no lo justificas, la gente quedará asustada al oír ese precio. Si explicas que has sido concertista profesional por medio mundo, muchos te escucharán y algunos te contratarán, pero ninguno se asustará. ¿Quieres vender una casa al doble del precio de otras de su zona? Dame tres motivos por los que esta es diferente. Tan sólo quédate con esta clave: puedes pedir cualquier precio que puedas justificar.

4. *El entusiasmo vende*

Créete tanto tu propuesta que hables con tal convencimiento que el otro se quede con la sensación de que si no la acepta, el que pierde es él.

3. *Escucha en caliente, responde en frío*

Siempre que te hagan una propuesta, la que sea, nunca, nunca, nunca respondas en caliente. «¿Y si parece que es insuperable y es la mejor del mundo?» Tampoco. Apóyate en el punto siguiente para gestionarla.

2. *Usa la frase mágica*

Te hagan la propuesta que te hagan, responde siempre con esta frase: «Muchas gracias por su propuesta. La analizaré y le responderé más tarde». Si tu respuesta acaba siendo la misma que hubieras dado en caliente, no tienes nada que perder, pero si no lo es, tendrás mucho que ganar.

1. *El triángulo de la negociación*

   a) Ten claros los objetivos que sí o sí quieres obtener de la negociación. Estos son los intocables.
   b) Ten claro también en qué puntos puedes ceder. Estas son las concesiones.
   c) Finalmente, pon todo el foco posible en el valor de todas las concesiones para que al tú ceder con tus concesiones, él ceda con tus intocables.

> #LaInteligenciadelÉxito
> Trabaja tu inteligencia de la negociación. No para aprovecharte de nadie, sino para que nadie se aproveche de ti.
> @Anxo

12. MÍSTER MIOPE

MIOPÍA   INTELIGENCIA

*M*íster Miope es un tipo normal, de treinta y pocos años de edad, que como todos, lucha por ser una persona feliz. Este año no lo es. Las cosas no le han salido bien. Primero perdió su trabajo por la recesión económica por la que pasó su país. Malvivió con el dinero que cobró durante unos meses por el desempleo a fin de no hacer uso de sus ahorros y en ese tiempo se presentó a más de veinte entrevistas de trabajo, pero lamentablemente no fue seleccionado en ninguna. Luego montó una tienda de aparatos electrónicos con la mitad de sus ahorros. No duró ni un trimestre. Después un restaurante. Lo cerró a los treinta días por falta de clientes. Y por si fuera poco, al salir de casa un lunes por la mañana de camino al notario para realizar los últimos trámites para el cierre de su restaurante, colocó mal el pie sobre el último escalón de las escaleras de su edificio y sufrió un esguince de tobillo que lo dejó inmovilizado dos semanas. Su estado de humor se desplomó.

Ese mismo día recibió una llamada de Míster Quetal, un amigo de su infancia con el que hacía tiempo que no hablaba. Ambos se pusieron al día y cuando Míster Quetal se enteró de las penurias de Míster Miope, le formuló una interesante pregunta: «Si tuvieras que hacer una valoración de toda tu vida y resumirla con una palabra, ¿qué palabra sería?». Míster Miope no dudó. «Terrible.»

Pasaron los años y por fin Míster Miope acumuló una serie de éxitos que le hicieron completar un año redondo. Creó un modelo de negocio muy ingenioso en la industria del turismo que llegó incluso a tener un impacto sobre las cifras del número de turistas presentadas por el Ministerio de Turismo. Recibió la Medalla de Honor de su gobierno por su contribución al desarrollo turístico de su nación. Le otorgaron el premio emprendedor del año y celebró el nacimiento de su primera hija regalándole a su mujer el viaje de sus sueños, del cual disfrutaron felices en familia. Todo parecía un sueño.

No había vuelto a tener noticias de su amigo, hasta que el 1 de enero Míster Quetal se dio cuenta de que hacía mucho tiempo que no hablaban y lo llamó para felicitarle el año nuevo. «¿Qué tal?» «Pues la verdad, muy feliz.» De nuevo se pusieron al día y de nuevo Míster Quetal le formuló la pregunta, la misma de unos años antes. Míster Miope no recordaba que le hubiera realizado esa pregunta anteriormente y quiso confirmar que entendía bien: «¿Cómo definiría mi vida? ¿Te refieres a toda mi vida? ¿Desde mi nacimiento hasta hoy?» y tras obtener confirmación, esta vez tampoco dudó: «Excelente».

Míster Quetal comparó ambas respuestas a la misma pregunta. Para otro hubiera sido una contradicción. Para él no lo era, ya que él conocía la explicación.

¿Cómo puede ser que en un caso su respuesta fuera «terrible» y en el otro, «excelente»?

Porque Míster Miope estaba cometiendo el mismo error que cometen casi todas las personas: extrapolar en torno al presente.

El ser humano, cuando atraviesa un valle,
concluye que todo el camino se compone de valles.
Cuando atraviesa un pico, concluye
que se compone de picos.
Pero lo cierto es que no se compone
ni de picos ni de valles, sino de ambos.

Las personas somos por naturaleza miopes. Tenemos visión de túnel con respecto a lo que tenemos delante. Magnificamos lo que vemos y empequeñecemos lo que no. Esto es fruto de un sesgo que hace que demos más peso a lo que tenemos más cercano, y contra ello es necesario aplicar la inteligencia del éxito: en primer lugar, reconocer el sesgo, y en segundo, combatirlo.

Si en tu vida estás pasando por un valle, tranquilo. Va a acabar.

Si en tu vida estás pasando por un pico, tranquilo. Va a acabar.

Esta es la fórmula que otorga esperanza en los momentos bajos y sosiego en los altos, ya que, mientras los atravesamos, nuestro sesgo nos hace verlos como permanentes, cuando en realidad están a unos días de su fin.

#LaInteligenciadelÉxito
Tener miopía es sacar conclusiones en base a una pieza.
Tener inteligencia es sacarlas en base al puzle.
@Anxo

13. TU MOMENTO-ATRÉVETE

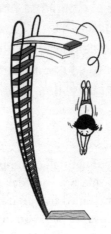

Hay una frase que todos los que han asistido a alguna de mis conferencias conocen, la cual aparece oculta en el primer Peldaño de mi primer libro, que dice:

#LaInteligenciadelÉxito
Si das 10 cuando podrías dar 100, no has ganado 10. Has perdido 90.
@Anxo

Esa fue la sensación que yo tenía cuando estaba repartiendo pizzas en Virginia. Ese noventa desaprovechado me preocupaba. Y mucho. Y dado que la preocupación no conduce a nada, decidí ocuparme en lugar de preocuparme.

Un día, desprendiéndome de todo tipo de miedos (o quizás a pesar de ellos), decidí plantarme delante del comisario de policía de la ciudad de Harrisonburg, donde yo residía, y con tan sólo diecinueve años le lancé esta osada frase:

«Usted tiene una necesidad que yo puedo satisfacer...».

Me miró de arriba abajo con cara de «¿quién demonios es este mocoso?».

«...La necesidad es que el departamento de policía necesita comunicarse con la población latina, y yo soy bilingüe en español e inglés», proseguí.

Tras hacerme unas pruebas, en cuestión de una semana había pasado de ser repartidor de pizzas a trabajar para la policía local. Unos meses más tarde me incorporé a la estatal, después empecé a trabajar para el Tribunal Supremo de Virginia, más tarde para el Senado de Estados Unidos y con veinte años para el FBI.

Yo era el primer sorprendido por tan fulgurante evolución. ¿Cómo había sucedido? ¿Cuál fue el embrión de aquel éxito? ¿Cuál fue el punto de inflexión sin el que nunca hubiera sucedido nada?

Todo se redujo a... un único MOMENTO-ATRÉVETE.

Había mil motivos para no atreverme. Pero afortunadamente, esa vez me atreví. Y eso marcó la mayor de las diferencias.

Mejor arrepentirse de haber hecho demasiado que demasiado poco.

Los MOMENTOS-ATRÉVETE son un concepto que acuñé en *Los 88 Peldaños del Éxito*, y que se convirtió en el Peldaño estrella de miles de sus lectores. Al igual que aquí, es el Peldaño número 13 del libro, y si no lo has leído, te recomiendo que postergues por unos minutos este y te hagas con una copia del primero sólo para leerlo, ya que vale la pena hacerlo. (No te pierdas la fórmula anti-miedo del final del Peldaño. Es muy, muy poderosa.)

Me gustaría que este segundo Peldaño sobre los MOMENTOS-ATRÉVETE se centre en ti. En TU MOMENTO-ATRÉVETE. Y para ello te pido que reflexiones por un instante sobre los MOMENTOS-ATRÉVETE que la vida te haya podido lanzar anteriormente y que quizás no estabas listo para aprovechar. ¿Los has identificado? Ahora me gustaría que pienses en un competidor o alguien que simplemente admires. En esos momentos en que no te atreviste, ¿él o ella lo hubiera hecho? Si tu respuesta es sí, perfecto, pero no lo uses para abatirte en el pasado, sino para motivarte de cara al futuro. Entiende que si admiras a esa persona o recelas del crecimiento de tu competencia, lo único que los diferencia de ti es que cada vez que tenían ante sí un MOMENTO-ATRÉVETE decían «sí» un número de veces mayor que tú.

Hay dos cosas que te harán más fuerte la próxima vez que te encuentres con uno. La primera es el simple hecho de que tengas una mayor consciencia sobre los MOMENTOS-ATRÉVETE. De eso se está encargando este Peldaño. El mero hecho de que tu mente dedique más tiempo al concepto de atreverse, de por sí, ya hace que tengas una mayor predisposición a hacerlo. La segunda es entender que el éxito es democrático, y que

---

quienes más triunfan no lo hacen por tener un número de fracasos menor, sino un número de MOMENTOS-ATRÉVETE mayor.

Entiende que tu éxito aumentará en la medida en que lo haga tu inteligencia del éxito y con ella tu capacidad para decir «sí, me atrevo». Y que en todo lo que concierne a los MOMENTOS-ATRÉVETE, suele ser más doloroso el lamento de no haberse atrevido a probar que el de haberlo hecho y fallar. En los próximos días te llegará tu próximo MOMENTO-ATRÉVETE. ¿Gritarás «¡sí!»?

«Atrévete a atreverte.»

14. EL REPARTIDOR DE PIZZAS

Con quince años decidí irme a Estados Unidos solo. El Peldaño 5 de *Los 88 Peldaños del Éxito* explicaba el porqué de una decisión así: LOS TESOROS SE ENCUENTRAN FUERA DE CASA. Agradezco a mis padres por haberme apoyado con una elección de tanta envergadura, pero también por haberme permitido trabajar para pagarme los estudios, ya que al principio les costó mucho entender la importancia que esto tenía para mí. Yo deseaba ser autónomo, valerme por mi propio pie, tener independencia económica y no vivir a costa de su apoyo. No porque no los respetara, sino justo por lo contrario. Y dado que mi principal responsabilidad eran los estudios, tenía que conseguir un empleo que, sin ninguna cualificación especial, me reportase los mayores beneficios con el menor tiempo. Ese empleo era el de repartidor de pizzas. El salario equivalía al mínimo establecido por la ley, pero las propinas podían incluso triplicar esa cantidad por hora. El trabajo fue odioso, pero mi capacidad de resistencia era grande. ¿Cómo? Por este principio, cuyo entendimiento la vida me regaló años más tarde:

No caminamos porque vemos que el camino será fácil, sino porque sabemos que la llegada será dulce.

El placer de ser autónomo no tenía precio. Me valía por mi propio pie, y verme conseguirlo superaba cualquier deseo de abandono.

Dado que durante la semana tenía clases, los fines de semana me veía obligado a realizar turnos de doce horas. Entraba a las cinco de la tarde los viernes y sábados y llegaba a casa pasadas las cinco de la madrugada. La velocidad en el reparto, no tanto en el vehículo como en la rapidez para gestionar y entregar los pedidos, incidía de forma directa en el salario, por lo que yo me partía la espalda para aparecer el primero cada semana en los rankings de agilidad. Llegaba a casa con los pies hinchados, pero lo conseguía. Me imagino que dolían, pero yo no recuerdo el dolor de los pies, sino el placer de llegar a fin de mes por mi cuenta siendo aún un adolescente. Esa sensación era demasiado bonita.

#LaInteligenciadelÉxito
Un objetivo que te hayan regalado nunca podrá hacer sombra a cualquier otro por el que has sufrido.
@Anxo

La dureza del trabajo la podía soportar. Ser humillado, no. Tenía tres jefes. Uno de ellos, realmente tirano. Para mi desgracia, la mayoría de mis turnos coincidían con los de él. Llegó a insultarme, a mofarse del hecho de que yo no era estadounidense y él sí y hasta confeccionaba con astucia planes que buscaban ridiculizarme en público ante mis compañeros. Mi jefe tuvo mala suerte, ya que hay muchas cosas en las que yo podría ceder, pero mi amor propio no estaba entre ellas. El día que menos se lo esperó fue el mismo día en que perdió a su mejor empleado. Le expliqué que si él había sido humillado de pequeño, yo me apenaba por ese niño dolido, pero que incluso algo así nunca sería justificación para que él buscase humillar a otros. «Si tienes una tendencia hacia la destrucción, la solución no está en alimentarla, sino en combatirla», le dije. Añadí una última frase y me fui. La frase era: «Hay muchas cosas que son negociables, pero mi dignidad no es una de ellas».

**Tener tolerancia es pensar como un sabio.
Vender tu alma es convertirse en un necio.**

Toda esta historia desemboca en un precioso mensaje final que es el que da sentido al Peldaño. Si la inteligencia del éxito es convertir los reveses de la vida en oportunidades de crecimiento, aquí tienes una ocasión de oro:

Cuando te ridiculicen, te insulten, te humillen, te rompan el alma y te traten con un gramo menos de la dignidad que te mereces... no te están echando tierra, sino semillas.

No te lo tomes como que te están pisoteando, sino como que te están dando las semillas que se convertirán en toda la motivación que necesitabas para mejorar tu situación. Estudia el doble, trabaja el doble, fórmate el doble, arriésgate el doble, no para eliminar el pasado que detestas, sino para luchar por el futuro que amas.

Luchar por grandes ideales requiere de un gran porqué.

El mismo que te acaban de regalar.

15. DE FIESTA CON EINSTEIN

Apenas tenía tres años de edad y Claudia ya sabía restar, sumar, dividir, multiplicar, leer y escribir. Efectivamente, no era una niña normal. Su cerebro iba a una velocidad vertiginosa. Con siete años, durante sus horas libres, ya leía tratados sobre física cuántica, y aunque le abrumaba el trabajo de Newton, su verdadero ídolo era Albert Einstein. Con veinte años la declararon la mente más brillante del mundo para su edad, y con veinticinco logró inventar la máquina del tiempo. La había creado con solo un objetivo en mente: viajar al pasado e invitar a una persona al presente. Sí. Esa persona no era otra que un genio de apellido Einstein y de nombre Albert. Lo primero que hizo fue caracterizar al señor Einstein, pidiéndole que se afeitase su reconocible bigote blanco y cubriéndole su característica cabellera alborotada con un sombrero que le impidiera ser identificado. Acto seguido organizó una fiesta en su casa y fue presentando a su venerado amigo a cada uno de los presentes a lo largo de la noche sin revelar su verdadera identidad. Todos tuvieron ocasión de conocerlo. Unos días más tarde, Claudia tuvo esta conversación con ellos:

—¿Qué os ha parecido mi amigo Alberto?

—¿El del sombrero? Un poco raro, pero muy simpático.

—Ya sé que es simpático, pero me refiero a su cabeza.

—¿*Te refieres al hecho de que no se quitara el sombrero en toda la noche?*

—*Nooo. A su forma de pensar. ¿Qué opinión os causó su cerebro?*

—*¿Su cerebro? Pues... normal. Quizás algo más inteligente que el resto.*

—*Pero ¿lo habéis percibido como con capacidad para revolucionar todas las teorías de la física a nivel mundial y transformar el curso de la historia?*

—*¿Eh? ¿Te has vuelto loca? Por supuesto que no. Nos pareció un poco listo, pero no para tanto.*

—*¿Algo más inteligente que el resto? ¿Un poco listo? ¿¿Eso es todo??*

—*¿...?*

—*¡Era Albert Einstein! ¡El tipo más brillante de todo el siglo xx!*

¿Qué diamante encierra esta fábula? Que la gente no tiene capacidad para detectar ni genios ni genialidades. Eres tú quien debe guiarlos. Si quieres que alguien reconozca una genialidad, no basta con ponérsela delante. Hay que avisarle de que lo era.

Qué paradójico que sea entre necios donde menos destaca el sabio.

¿Cómo se aplica a nuestras vidas? Puedes tener el mejor producto del mundo, pero la gente no tiene ni conocimiento para reconocerlo como tal, ni herramientas que le ayuden a hacerlo. Tu función es proporcionárselas.

Cuando yo creé 8Belts.com, era el primer método que demostraba que podía enseñar un idioma en 8 meses. Al principio yo no era consciente de lo que había creado, pero a los pocos meses me di cuenta de que teníamos un producto que nunca se había inventado en la historia. Y, sin embargo, desde el momento en que lo lanzamos al mercado, sabía que nuestra batalla no iba a ser tener un producto único a nivel mundial en su campo, sino conseguir comunicarlo. Y así fue.

#LaInteligenciadelÉxito
Sólo hay una cosa más difícil que tener el mejor producto del mundo.
Que te crean.
@Anxo

¿Cómo conseguimos que nos creyeran? Con un eslogan muy osado: «Aprende un idioma en 8 meses. No nos creas. Compruébalo tú».

Y funcionó.

Te estarás preguntando «¿y cómo puedo comprobarlo?». Aquí va tu regalo:

www.8belts.com/regalo

Código legalo para los lectores de *La Inteligencia del Éxito*: LIDE.

Si te has traído a Albert Einstein al siglo xxi, no les digas que lo has traído y luego esperes que te crean. Sólo pide al señor Einstein que dé una rueda de prensa.

Demostrar es la mejor manera de convencer.

---

16. SISTEMATIZA

Todos hemos presenciado la típica escena en la que el hijo resopla por vigésimo cuarta vez ante el consejo que el padre le ha dado por vigésimo quinta. Si yo tuviera un hijo y pecase de papá pesado con un «consejo resoplo», este sería mi elegido:

Sistematiza más.

Sistematizar es subir a una montaña escalón a escalón una sola vez para luego deslizarse plácidamente en trineo en la bajada. Es comprar ese trineo una sola vez para disfrutar de él las veces que lo desees. Es pasar de un trabajo manual que realizas tú a un trabajo automático que se hace solo. No sistematizar es desaprovechar (nuestro querido enemigo del éxito) y, sin embargo, pocos sistematizan. ¿Por qué? Porque el proceso de sistematización arranca con una barrera: la barrera de poner en marcha el sistema y de adaptar tu mente al cambio. No es una barrera significativa, y, sin embargo, deja a la inmensa mayoría fuera.

Imagínate un supermercado que ofreciera una tarjeta gratuita de abonados que te permitiese obtener un 90 % de descuento en todos sus productos toda la vida, pero con un pequeño problema. El supermercado se encuentra en la primera planta, pero la oficina que gestiona las tarjetas se halla en la veinte, y lamentablemente hay que subir a pie porque no hay ascensor. La gran mayoría de la gente no adquiriría la tarjeta sólo por no hacer el esfuerzo de subir veinte plantas una vez a pesar de que podrían beneficiarse de ello el resto de su vida. ¿Lógico? No, pero la miopía del ser humano le hace poner más peso en un esfuerzo presente que en sus beneficios futuros. Sin embargo, justo esa es la belleza de la sistematización: realizar el esfuerzo una vez para aprovecharse de sus ventajas de forma casi ilimitada.

Sistematizar supone tomar unos caminos más avanzados que antes no tomabas para obtener unos resultados más inteligentes que antes no obtenías.

De los 88 Peldaños de este libro, este es uno de los que mejor representa la diferencia entre contar con una gran inteligencia del éxito y no hacerlo. Te explico el porqué.

Dado que sistematizar es probar nuevos métodos que antes desconocías y dado que eso requiere superar la barrera inicial de implementarlos y adaptarse a ellos, sistematizar es contar con muchas de las virtudes de la inteligencia del éxito: atrevimiento para probar cosas que desconoces, curiosidad por ver qué sucede si tomas un camino nuevo, estrategia para entender que los beneficios posteriores superan con creces el coste de la barrera inicial e inteligencia para superar la miopía del corto plazo y apostar por el crecimiento del largo.

Se puede sistematizar de mil maneras: invertir cinco minutos para automatizar un pago electrónico recurrente y evitar tener que hacerlo manualmente cada mes; invertir diez en aprender una vez a hacer la compra por internet para disfrutar de forma ilimitada de la comodidad de comprar a distancia cuando no quieras ir en persona; invertir una vez en aprender unos atajos de teclado que optimizarán tu manejo del ordenador cada vez que lo uses; invertir unos minutos en aprender a operar en banca electrónica una vez en lugar de hacer cola en el banco el resto de las veces, o invertir una vez en encontrar y registrarte en la app móvil para pagar el parking sin salir del coche el resto de tu vida.

¿Quieres una idea más loca de sistematización? Ten una bicicleta de poco coste con un candado más caro que la propia bici atada a la puerta del metro para usarla sólo del metro al trabajo y viceversa. Si inviertes en todo el proceso de comprar la bicicleta, encontrar el candado correcto y sobre todo convencer a tu mente para ponerte y hacerlo, quizás esa inversión de un par de días de tu tiempo mejore tu vida... para siempre. Sí, a mí también se me ocurrían los mismos peros que a ti, pero durante un periodo de mi vida llevé a cabo la técnica y... dio resultado. No, no me la robaron.

Todos esos peros que a ti se te han ocurrido al leer la idea anterior representan una mitad de la peligrosa barrera de la que te hablé al principio. Los fastidios de ponerlo en marcha son la otra mitad.

La última vez que intenté adquirir el dispositivo de telepeaje en autopistas para mi coche fue una odisea horrible. Me encontré un problema tras otro y los operadores con los que hablé parecían tratarme como un enemigo en lugar de como un cliente. ¿Lo hice igualmente? Por supuesto. ¿Por qué? Porque la odisea horrible duró un día. El beneficio dura toda la vida. No estaría siendo coherente con este Peldaño si no hubiera seguido peleando cuando me encontré las tres primeras dificultades y aún estaba al principio de mi odisea.

La importancia de la sistematización es enorme para todos y gigante para aquellos que tengan cualquier tipo de negocio, ya que es la madre de la escalabilidad. Y ¿qué significa tener un negocio escalable? Pasar de ser la tienda de la esquina a ser la tienda de tu país o incluso la tienda del mundo. Invierte en tecnología que sistematice procesos y aunque te asuste su coste inicial, no pienses en lo que pierdes hoy, sino en todo lo que ganarás mañana.

#LaInteligenciadelÉxito
Aprende a calcular no sólo el precio menor de dar un paso,
sino el precio mayor de no darlo.
@Anxo

17. ¿QUÉ TE DEBE LA VIDA?

Respuesta: absolutamente nada.

Y entenderlo te hará más inteligente de cara al éxito.

Te voy a contar un par de errores que yo cometí durante mucho tiempo. Con tan sólo cinco años había aprendido a tocar el piano de forma autodidacta. No era Mozart, pero tampoco era su opuesto. Aunque para mí lo que yo conseguía hacer con el piano era algo normal, para la gente de mi entorno era algo relativamente insólito. Afortunadamente nunca fui lo suficientemente necio como para inflar mi ego y volverme engreído. Hasta ahí, bien. Pero sí me llevó a cometer mi primer grave error. Mi cerebrito inmaduro opinaba que la vida me debía algo: reconocer mi talento y darme la oportunidad de explotarlo. Ah, y ya puestos, que la oportunidad llegase en bandeja de oro.

Grave error número 1.

Años más tarde me pasé bastante tiempo trabajando como traductor simultáneo en conferencias por España y otros países. Mis compañeros decían que era buen intérprete, y yo sufrí una de las peores enfermedades que existen: la enfermedad del «me corresponde» («me tienen que dar», «la vida me debe», «el mundo debería reconocerme...», hay muchos nombres para el mismo mal). Pensaba con respecto al político al que yo estaba traduciendo: «¿Por qué está él donde está y por qué estoy yo donde estoy?». «¿Por qué sus decisiones afectan a tanta gente y las mías a tan poca?» Y en mi interior tenía la sensación de que eso no era justo... porque el mundo me debía algo.

Grave error número 2.

Por suerte la vida me regaló dos sartenazos en la cabeza, uno para cada error, y gracias a ellos comprendí una de las mayores lecciones que mi experiencia me ha dado, y que posiblemente sea la semilla principal de la inteligencia del éxito:

En tu vida sólo mereces que te suceda aquello que tú provoques que te suceda.

La vida no nos debe absolutamente nada. Sólo aquello que nosotros provocamos.

La respuesta correcta a mi pregunta de por qué el político estaba donde estaba y yo no, era que él estaba donde le correspondía estar y yo también. Él estaba ahí por su propio mérito, y yo por mi propio demérito, ya que no había hecho nada para cambiar mi situación. Yo podía estar más o menos de acuerdo con su postura política y con su capacidad como político, pero eso era irrelevante. Lo importante era que él había hecho méritos para estar ahí. Él se había arriesgado y yo no. Él se había presentado a unas elecciones y había sido votado. Yo no me había expuesto a un escrutinio público con todo el riesgo que eso conlleva. Él sí lo había hecho. No estoy diciendo que ser político sea mejor que ser intérprete ni peor, sino algo con mucha más trascendencia:

Si no haces nada para cambiar tu situación, entonces no es injusto que estés en ella.

En realidad es lo más justo del mundo, ya que estás exactamente donde te corresponde estar.

¿Cómo concluyeron las historias?

El yo pre-sartenazo era más pasivo, indignado y reivindicativo que creía en el «alguien debería hacer cosas por mí». El yo post-sartenazo es un ser más activo, determinado y diligente, que cree en el «yo debo hacer cosas por mí mismo». Pasé del «me deben» al «debo», de «la vida me debe mucho» a «la vida no me debe nada», del «le corresponde a otros» al «me corresponde a mí», del «es responsabilidad de otros» al «es responsabilidad mía». En el caso de la música, a los quince años decidí irme solo a Estados Unidos, donde a los pocos días de llegar ya estaba participando como pianista en un show de cabaret. Luego desarrollé mis conocimientos considerablemente en ese campo (mayormente de forma autodidacta, pero también con profesores), probé, investigué, fracasé primero, mejoré después, aprendí a tocar ocho instrumentos más y di conciertos en nueve países hasta que en 2016 publiqué un disco original con la discográfica A3Music de Antena 3 TV (el disco se llama *Muy Happy Happy* y puedes escucharlo aquí: <www.anxoperez.com/disco>). Eso en cuanto a la música. Y en el campo de la interpretación, decidí que quizás sea una profesión bonita, pero no para mí. Dejé de ser intérprete y me puse a analizar como un poseso cómo mejorar la enseñanza de idiomas a nivel mundial. Fueron más de 40,000 horas de investigación, pero valió la pena, ya que el resultado fue la creación de mi empresa 8Belts.com, que actualmente no para de crecer y que se convirtió en el único método en la historia en demostrar que cualquier persona puede aprender un idioma en 8 meses con treinta minutos al día de estudio siguiendo las pautas del método que yo mismo había creado. En la actualidad son ya miles y miles de personas las que lo han conseguido, algo que seguramente me hace más feliz a mí que a ellos.

#LaInteligenciadelÉxito
El ser humano llega más lejos cuando descubre que la distancia en su caminar no es un regalo de la vida, sino el fruto de sus pies.
@Anxo

18. DON YORRÍO Y DON YONÓ

Por un lado estaba Don Yorrío. Un tipo estupendo. Caía tan bien a la gente que parecía tener un imán para los amigos. Siempre estaba de buen humor y hacía la vida feliz a los demás. Era muy fan de los monólogos y, cuando acudía a una actuación de un monologuista, lo hacía con una predisposición absoluta a reírse. Y ¿qué acababa sucediendo? Que se terminaba desternillando de risa.

Y después estaba Don Yonó. Cuando hacía un esfuerzo, tenía cara de velatorio. El resto del tiempo, la tenía de funeral.

Un día escuchó que venía a su ciudad el que era reconocido como el mejor monologuista del mundo. Los carteles que anunciaban su show rezaban: «Te hará reír, lo quieras o no. Nadie se le resiste». Don Yonó decidió asistir, sólo para conseguir demostrar que él sí se le resistiría. Entró con toda la determinación de evitar reírse. Quería saber si el que tendría la razón era él o el cartel.

Por supuesto, ganó él.

Sólo que había un problema.

En realidad, no ganó nada. Más bien, perdió.

Hay una cosa de la que Don Yorrío era conocedor y Don Yonó, no: que si asistes a la función de un humorista, que tú te rías no depende de él, sino de ti. La condición número uno para que el objetivo de que tú te rías se cumpla ¡es que quieras hacerlo! Él puede hacerte reír, pero sólo con tu predisposición. Es menos una cuestión de su gracia y más una cuestión de tu actitud.

Esta historia, sin la parte graciosa, representa el tipo de mentalidad que yo exijo a todas las personas que pasan las pruebas de ingreso a 8Belts y acaban formando parte del 8Team (nombre afectivo con el que nos referimos a los empleados en mi empresa). Lo más o menos bonita que sea su experiencia en 8Belts no depende ni del CEO (consejero delegado), ni del resto de los directivos, sino de cómo de bonita decida hacerla cada uno de ellos. Este es mi mensaje para ellos:

Que la empresa tenga éxito no depende de la empresa. Depende de ti.

Los que me conocen saben que el mayor pecado que se puede cometer en el 8Team es el de pensar: «a ver qué hace 8Belts con respecto a este problema» en lugar de «a ver qué hacemos el 8Team para resolverlo». Mi gran obsesión es conseguir que nunca nadie en el equipo deje de entender que dejar una enorme huella como empresa en este mundo no depende de las grandes decisiones que tome yo una vez al año, sino de las pequeñas que tomen ellos a diario.

#LaInteligenciadelÉxito
Una empresa tiene éxito cuando sus empleados entienden que el éxito no está en la empresa. Está en sus mentes.
@Anxo

Aunque no soy proclive a incluir citas, esta es la única excepción que haré en todo el libro. Es una de mis citas preferidas de todos los tiempos, pronunciada por John Fitzgerald Kennedy durante su discurso de investidura como presidente de Estados Unidos y representa la fórmula que construye grandes países (y grandes empresas):

«No preguntes qué es lo que tu país puede hacer por ti; pregunta qué es lo que puedes hacer tú por tu país».

Si sólo contase con una bala comunicativa para elevar la inteligencia del éxito de un equipo de empleados, esta es la que usaría:

**¿Lucharías por ser parte de la mejor empresa
del mundo o de la peor?
Formúlate esta pregunta con tu mente.
Respóndela con tus manos.**

---

19. EL PRECIO DE NO HACER

Casi todo el mundo se centra en esta pregunta:
«¿Cuál es el precio de fracasar?».
Pero este Peldaño va de esta otra:
«¿Cuál es el precio de no arrancar?».

Esta es la historia de CuantoPierdo y CuantoGano, dos emprendedores de la misma edad a los que les habían dado esos motes como reflejo de sus formas de pensar. CuantoPierdo, cada vez que se le presentaba cualquier tipo de oportunidad, siempre se formulaba esta pregunta:

«Si evito embarcarme en un proyecto que sale mal, ¿cuánto dejo de perder?».

En cambio, CuantoGano, ante la misma situación se formulaba esta otra:

«Si evito embarcarme en un proyecto que sale bien, ¿cuánto dejo de ganar?».

Tras varios años poniendo en marcha pequeñas ideas de negocio, recién cumplidos los cuarenta años ambos tuvieron ante sí la oportunidad de negocio del siglo. En cuanto les fue presentada, lo primero que CuantoPierdo calculó fue el importe de la inversión, ya que si el negocio salía mal, eso es lo que él acabaría perdiendo. Averiguó que la cantidad ascendía a 10,000 €. No quiso saber más. Se quedó feliz de saber que esa era la cantidad que no iba a perder. Al igual que su colega, CuantoGano también calculó el importe de la inversión, pero acto seguido averiguó también el importe de los beneficios estimados. Los resultados eran sorprendentes. Averiguó no sólo que el 90 % de ese tipo de negocios acababa teniendo éxito, sino que, mientras si salía mal perdería 10,000 €, si al final salía bien, ganaría nada menos que un millón.

CuantoPierdo, como siempre, pensó en cuánto no perdería si salía mal.

CuantoGano, como siempre, pensó en cuánto no ganaría si salía bien.

CuantoGano tiene una ventaja doble con respecto a CuantoPierdo. La primera es que tiene en cuenta el hecho de que no arrancar también tiene un precio, el precio de lo que pierdes si hubiera salido bien.

La segunda se encuentra en el siguiente principio.

#LaInteligenciadelÉxito
De todos los caminos aprenderás algo salvo de uno:
el que nunca has tomado.
@Anxo

Incluso cuando sale mal la operación, de ella estás obteniendo un valioso aprendizaje. Si CuantoGano se embarca en diez proyectos que no le salen especialmente bien y al final a nivel económico acabase exactamente igual que CuantoPierdo que no se embarcó en ninguno, sigue teniendo una ventaja monumental con respecto a él:

Es diez proyectos más listo.

Probar y fallar encierra muchas lecciones.
No probar no encierra ninguna.

Deja de pensar sólo en el precio de arrancar y empieza a pensar también en el precio de no hacerlo.

20. LA ECUACIÓN DE LA FELICIDAD

Si te encontrases con un amigo que está subiendo escalones para hacer ejercicio y te dijese que lleva cien subidos, tú posiblemente te quedes con la impresión de que ha subido muchos. Pero si te dijese que su escalera consta de mil, de repente los cien te parecerán pocos, ya que has dejado de concentrarte en cuántos ha subido para tener en cuenta cuántos le quedan por subir. La clave está en dónde sitúes el listón. Cien de cien son muchos, pero cien de mil son pocos.

La gente tiene la impresión de que he aprendido mucho y he aprovechado muchísimo el tiempo, pero yo tengo la opinión contraria, ya que no me centro en los escalones subidos, sino en los escalones por subir. Siempre digo que tengo mucho más que aprender que enseñar, e igualmente, en el ámbito del aprovechamiento tengo mucho más territorio por conquistar que conquistado, pero independientemente de mi amplio margen de mejora, sí que hay ciertas lecciones que he aprendido y que voy a compartir contigo. Si he aprendido lo que he aprendido, es gracias a ellas.

#LaInteligenciadelÉxito
Centrarte en lo que has hecho es aumentar tu ego.
Centrarte en lo que te queda por hacer es aumentar tu humildad.
@Anxo

Cada semana invierto un alto número de horas en crecimiento personal. Esto incluye practicar o aprender idiomas como el chino, ruso, alemán o francés; instrumentos como el piano, batería, saxofón o ukelele; ir al gimnasio a diario; jugar al fútbol; leer e investigar sobre diferentes temas de mi interés. Aparte de esto, gestiono una empresa con más de cien empleados, doy una media de dos conferencias y dos entrevistas a la semana, compongo música, doy algún concierto esporádico, escribo libros, tengo grupos de amigos con los que hacemos música y otros con los que no hago nada más que simplemente pasarlo bien.

—Anxo, pero ¿no crees que haces demasiado?
—Depende de si nos centramos en escalones subidos o escalones por subir. Dado que una semana tiene 168 horas y todo esto no llega ni a la mitad, podría decirse que aprovecho menos de la mitad de mi vida.
—Y hacer todas esas cosas cada semana ¿no es un agobio?

Aquí viene lo importante. El agobio para mí no es todo eso que hago, sino el no hacerlo. He aprendido una cosa que se ha convertido en algo crucial, en realidad en todo un descubrimiento. Compone el centro de este Peldaño, y es que...

La felicidad está estrechamente ligada al crecimiento. Cuanto más sube tu crecimiento, más crece tu felicidad.

Cuando aprendo, cuando me supero, cuando crezco, cuando construyo, cuando me desarrollo, cuando añado valor al mundo o incluso tan sólo a mi cerebro, soy feliz, y eso es, nada más y nada menos que... el principal objetivo de estar vivo. Somos cazadores de realización personal, la misma que yo obtengo cuando llevo a cabo lo anterior. Sueño con hablar quince idiomas y tocar catorce instrumentos, pero no para decirle al mundo que hablo quince y toco catorce, sino por algo infinitamente más importante: que soy feliz haciéndolo. Esta última frase es mágica, ya que representa la fórmula de la felicidad:

Hacer X = Ser + Feliz

O lo que es lo mismo: Cuando hago X = Soy más feliz.

Todo lo detallado anteriormente es mi X. Y todo el mundo debería hacer todo lo posible por encontrar qué es para él o ella esa X. Que aprender sea mi X significa que no me resulta un estrés ser productivo, sino no serlo, ya que cuando descubres tu X, lo agobiante no es dedicarle mil horas a lo que te hace feliz, sino no hacerlo.

Te voy a confesar tres secretos sobre mí: nunca he fumado ni bebido alcohol (no, la típica copita de champán en Navidades, tampoco), no voy a bares y no tengo un televisor (y por tanto no la veo). El motivo no es que esté en contra de ello, sino algo mucho más elemental: cuando sustituyo la X por fumar, beber, ir a bares o ver la televisión, mi ecuación anterior no se cumple, ya que en lugar de ser más feliz, lo soy menos, y si algo te hace más infeliz que no hacerlo, lo más sensato es que no lo hagas. Invertir esos recursos de tiempo, dinero y salud en cosas que yo considero más productivas hace que mi felicidad aumente. ¿Raro? Quizás, pero la pregunta correcta no es «¿es raro?», sino «¿te hace feliz?».

Tu X te espera.

Cuando la encuentres, el mundo ganará si la aprovechas, y perderá si no lo haces.

21. MONTAR UNA EMPRESA DE FORMA INTELIGENTE

Este tema daría para un libro entero de la colección, con sus correspondientes 88 Peldaños, pero dado que no tenemos ese espacio, incluiré sólo algunas de las claves más importantes de lo que he aprendido sobre cómo poner en marcha una empresa de éxito en un solo Peldaño. Sólo ten presente que te estoy contando tan sólo la punta y no el iceberg entero. La idea no es darte una guía paso a paso, sino que te familiarices con algunas de las realidades de poner en funcionamiento un negocio.

El primer escollo que deberás superar para poder lanzarte a emprender viene en forma de consejo. Este es el más importante que puedo darte sobre montar un negocio:

#LaInteligenciadelÉxito
No inviertas ningún dinero que no te puedas permitir que se pierda y no emprendas ningún negocio que no te puedas permitir que fracase.
@Anxo

Hay dos tipos de emprendedores: el intuitivo y el empírico. Averigua cuál de los dos eres tú. Si eres intuitivo, te guías por las sensaciones que tú tienes de qué podría funcionar y qué no. Si eres empírico, esa decisión no te la da tu instinto, sino los datos: tendencias del mercado, mediciones por internet, analíticas, gráficos o estudios de mercado. Se puede tener éxito con ambos métodos. Lo importante es que seas consciente de los dos tipos para que puedas ser fiel al que mejor encaja contigo. Mi consejo es que escuches a tu intuición pero que no ignores los datos.

Una vez tengas tu idea, querrás contársela a toda la gente de tu entorno y sobre todo querrás saber su opinión. Yo soy más partidario de hacer que de contar, pero dado que tu cuerpo te pedirá buscar la opinión de otros, no te digo que no lo hagas. Hazlo, pero si, y sólo si, consigues relativizar sus respuestas.

No busques la aprobación de los no entendidos.

Si estás pidiendo la opinión de alguien que sabe poco de un tema, no cometas luego el error de darle el mismo valor que el de alguien que es experto. Tus familiares, para bien o para mal, son supuestos expertos en detectar peligros, pero no en identificar oportunidades.

Tu objetivo, una vez tengas clara la idea, es contar lo más rápido posible con el modelo mínimo viable, esto es, un producto desarrollado a mínimos, a fin de conseguir que haya costado el menor dinero posible, pero que aun así sea apto para ser vendido. Tener un producto vendible habiendo gastado lo mínimo tiene un número de ventajas muy alto y es algo de una importancia colosal. Te permite saber si tu producto va a funcionar o no arriesgando lo mínimo posible en crearlo, y esto es una ventaja porque te da la opción de realizar ajustes rápido, ya que puedes averiguar en el menor tiempo qué no gusta a tus clientes y cómo cambiarlo.

#LaInteligenciadelÉxito
Si quieres llegar lejos, falla rápido.
@Anxo

Cuanto antes falles, antes sabrás qué mejorar, puesto que podrás entender PRONTO cuáles son las necesidades del mercado. Y lo que es más importante, te obliga a centrarte en el tronco del árbol en lugar de en las ramas. Si decides montar una heladería en la esquina de tu barrio, la ubicación, la calidad del helado o los precios representan el tronco. El color de las paredes, el tipo de mobiliario, o el tipo de iluminación son ramas. Centrarte en el modelo mínimo viable es centrarte en averiguar en el menor tiempo si el que da resultado es el tronco que sostiene al árbol.

Una vez tengas tu producto acabado, te darás cuenta de que lo más difícil no es tener un producto, sino conseguir que lo conozcan. Si tu idea principal para darte a conocer es contárselo a todos tus amigos y anunciarlo en todas tus redes sociales, ese plan es perfecto... para un proyecto de colegio.

Si tu negocio depende sólo de las bocas de otros, el día que otros dejen de abrir sus bocas tu negocio dejará de abrir sus puertas.

El control tiene que estar en tu tejado, y eso requiere de un plan de marketing. Lo bueno es que internet ha revolucionado y simplificado el marketing, incluso para negocios offline. Para ello tienes dos opciones. O remangarte y empaparte de toda la información que existe en internet sobre el marketing online (y offline), o contratar a un experto. Lo primero parece un océano, pero no lo es. Si estudias por tu cuenta veinte horas enteras sobre ese tema, sabrás más que el 99% de la población mundial en ese campo. Dicho eso, yo te recomiendo contratar una agencia de marketing y publicidad. Hay miles de opciones publicitarias para darte a conocer y muchas son más asequibles de lo que crees.

Por fin llegamos a la fórmula de comercialización. Aquí la práctica no es fácil, pero la teoría sí. Si inviertes 100 y obtienes 99, ese modelo a la larga te llevaría a la ruina. Si inviertes 100 y obtienes 101, ese modelo a la larga te haría millonario. Por tanto, el objetivo es conseguir que lo que inviertes en captar clientes sea siempre menos que lo que obtienes a cambio. Esa cuenta no es nada fácil y requiere tiempo, mediciones, análisis y ajustes, pero no te obsesiones con ello al principio, ya que es una capacidad que se va mejorando con la práctica.

Si estás arrancando un negocio de cero y sin grandes cantidades de dinero, como ha sido mi caso con 8Belts, entiende que al principio tú tendrás que hacerlo absolutamente todo, desde responder a los teléfonos a vender puerta a puerta si hace falta, pasando por redactar emails, emitir facturas o realizar cobros. Tu objetivo será ir contratando personas que se vayan especializando en cada área hasta que puedan hacerlo mejor que tú. En la medida en que empieces a incluir a otros, tú empezarás a tener más vida, y tu negocio, más crecimiento.

Mi último consejo es: haz lo indecible para reducir gastos. Sé todo lo conservador que puedas ser por muy bien que te vaya, ya que lo que acaba tumbando a una empresa son los costes. Una empresa sólo cierra cuando no puede afrontar sus deudas. Controla el gasto y controlarás el oxígeno que mantiene viva la empresa.

Al principio dije que este Peldaño es sólo la punta. El resto del iceberg se obtiene arriesgando mucho, probando siempre, fallando bastante y acertando a veces.

Pensar que para obtener beneficios basta con montar un negocio es como pensar que para ser músico basta con comprar instrumentos.

Yo te animo a que emprendas. Aunque el éxito no está garantizado nunca, el aprendizaje lo está siempre.

22. MOMENTO-ÉDISON

¿Qué es un Momento-Édison? Un instante en el que tras cansarte de pedirle al mundo que te dé lo que buscas, por fin te dices:

«¿No existe? Ok. Yo lo creo».

Las dos historias que te voy a contar en este Peldaño representan una parte fundamental de este libro. Su esencia es la de dejar atrás un mundo en el que las cosas suceden porque lo deciden otros para adentrarte en un mundo en el que las cosas suceden porque lo decides tú. La diferencia entre ambos mundos es colosal. En el primero tu papel es insignificante, ya que eres espectador y por tanto, público. En el segundo es esencial, ya que eres creador y por tanto, protagonista.

#LaInteligenciadelÉxito
La vida es un partido de fútbol.
Mientras unos pocos juegan, las masas miran.
@Anxo

La primera sucedió durante un breve espacio de tiempo en el que, tras andar trotando por lo que parecía medio mundo, me afinqué durante numerosos meses en Santiago de Compostela. Tenía veintipocos años, necesitaba encontrar compañeros de piso, y mi obsesión era vivir con gente de otros países, puesto que por un lado siempre me ha encantado la multiculturalidad, y por otro, eso me permitiría seguir practicando mis idiomas. Tras demasiados intentos fallidos, llegó el Momento-Édison. Dejé de intentar convencer a otros para que me aceptasen a mí y pasé a ser yo el que aceptaba o no a otros. Alquilé un gran piso con numerosas habitaciones y lo hice a lo Frank Sinatra. O sea... a mi manera.

Primero colgué carteles por toda la ciudad y por internet en los que anunciaba mi piso como una International House, donde los inquilinos podían practicar idiomas. «¿Quieres practicar inglés, francés, alemán, italiano, portugués, ruso o mandarín? Yo me encargo de hablarte en el idioma que más te interese. A cambio, tú vas a pagar un poco más por tu parte de alquiler.» ¿Qué sucedió? Que acabé viviendo gratis. El coste de mi habitación lo cubrían el resto de los inquilinos que conseguían aprender un idioma por tan sólo unos pocos euros al mes.

Pero pasado un tiempo me di cuenta de que en realidad me interesaba más darle la vuelta a la tortilla y ser yo el que pagase extra a los inquilinos a cambio de que el que practicase idiomas fuese yo, a fin de mejorar los que ya hablaba. Durante mi estancia en el apartamento residieron en él universitarios de Austria, Francia, Italia, China, Brasil, Rusia, Taiwán y Alemania. Esto no sólo permitió a esos inquilinos pagar menos por su cuarto y a mí practicar idiomas por un módico precio, sino que me hizo cumplir mi sueño de vivir en una Truly International House.

El éxito no depende de las oportunidades que otros te den, sino de las que tú creas.

La segunda historia sucedió estando ya en Madrid, durante la fase de construcción del método 8Belts. Una de mis mayores pasiones, más allá de los idiomas y la música, siempre ha sido el fútbol. No verlo, sino jugarlo. Lo he practicado siempre y, de hecho, lo sigo haciendo en la actualidad cada semana sin excepción. Yo era un recién llegado a la capital de España y apenas conocía gente. Me moría por jugar pero no sabía cómo hacerlo. Me acerqué a varios campos de fútbol en numerosas ocasiones y simplemente pregunté a ambos equipos que se encontraban sobre el campo si necesitaban un jugador más. Ellos me miraban como un bicho raro mientras repetían una respuesta que siempre era un calco de la anterior: «No, gracias».

Lo que sucedió después ya te lo puedes imaginar: Momento-Édison.

Llamé a todos los campos de fútbol de Madrid. Realicé un trabajo de investigación casi de laboratorio: precios, horarios, servicios, tipo de césped, distancia del centro, condiciones de pago, modo de reserva de campos y políticas de cancelación. Junté un grupo de 21 jugadores de gente que fui conociendo a través de amigos futboleros que fui haciendo y con ellos puse en marcha mi lista de pachangas, que es como se denomina a este tipo de partidos informales. La denominé La Fútbol-Lista. Por fin llegó el día del primer triangular: partidos de 15 minutos durante dos horas, con dos equipos jugando y un tercer equipo esperando fuera, que rota con el que pierde. Yo adoraba justo ese formato de partidos, y como era algo que no había sido capaz de encontrar en Madrid, se convirtió en uno más de los motivos para crearlo. ¿Recuerdas al señor Sinatra?

El formato y la aceptación fueron un éxito desde el primer momento. El fin de semana siguiente, gracias al boca a boca, mi Fútbol-Lista pasó a tener más de cincuenta miembros. A la semana siguiente, cien. Luego quinientos, después mil, dos mil y para cuando lo tuve que dejar para fundar 8Belts, contaba con más de 4,000 personas.

De estas historias extraigo tres conclusiones a modo de máximas.

La primera.

Si no te gustan las opciones que el mundo te ofrece,
guárdate la energía de tus quejas para dar impulso
a tus soluciones.

La segunda.

Recuerda que si te han de aplaudir,
nunca será por todo aquello... que nunca has hecho.

Y la tercera y la más concluyente.

#LaInteligenciadelÉxito
En el mundo hay dos tipos de personas: los que disfrutan debatiendo
sobre problemas y los que disfrutan arreglándolos.
@Anxo

23. PELDAÑO ARRIBA - PELDAÑO ABAJO

Cuando dos personas emprenden rumbo a un objetivo y uno fracasa y el otro no, no existe ninguna varita mágica que tocara al primero y se saltara al segundo. Lo que sucedió es que uno superaba una y otra vez la disyuntiva de la escalera y el otro no. De esto trata.

La disyuntiva de la escalera surge cada vez que tenemos que tomar una decisión que afecta a nuestro objetivo final. Caminamos por nuestra vida sin perder de vista el objetivo que nos habíamos fijado, y de vez en cuando se nos presenta el momento de tomar una mini-decisión de cara a esa gran ruta. Es la decisión de dar un paso hacia nuestro objetivo o dejarnos llevar por la pereza y no hacerlo. Estamos ante una disyuntiva de la escalera, y cada vez que se nos presenta, sucede algo mágico y además bello. Cada vez que elegimos el SÍ, este se transforma en un «peldaño-arriba». Y cada vez que elegimos el NO, este se transforma en un «peldaño-abajo». Lo que democratiza el éxito es que este es fruto de una fórmula matemática que hace que, con una exactitud rigurosa, subas un peldaño cada vez que eliges el SÍ y que bajes un peldaño cada vez que eliges el NO. Y, además, sin excepciones.

Tomemos a dos personas que deciden apuntarse a un gimnasio durante doce meses para ponerse en forma. AMBOS tendrán que enfrentarse a decidir cada tarde si ir (peldaño-arriba) o no ir (peldaño-abajo). AMBOS tendrán que elegir entre ponerse las zapatillas (peldaño-arriba) o quedarse viendo la televisión (peldaño-abajo). Y AMBOS tendrán que elegir durante un año enfrentarse cada día a la decisión de si convierten su tarde en productiva o en improductiva. Al final se hace un cómputo matemático preciso y simple, en el que si uno ha elegido 100 veces el camino difícil del peldaño-arriba y otro ha elegido 100 veces el camino fácil del peldaño-abajo, el primero se halla exactamente 200 escalones más arriba que el segundo. Ni uno más, ni uno menos. El éxito es sorprendentemente justo y democrático. Y yo me alegro de que sea así, ya que en caso contrario la vida estaría premiando la desidia en lugar del esfuerzo.

La pregunta no es «cómo de grandes son tus sueños», sino «cuánto estás dispuesto a trabajar para alcanzarlos».

Cada vez que nos fijamos un objetivo y decidimos dar un paso firme en la ruta que nos lleva a él, nos acercamos un paso más a ese objetivo. Lo interesante es que cuando damos diez, nos acercamos diez, o lo que es lo mismo, el grado de éxito es perfectamente fiel al grado de esfuerzo. Esto es maravilloso, ya que demuestra que

#LaInteligenciadelÉxito
No llega más lejos quien más suerte halla,
sino quien más millas camina.
@Anxo

96

Cuando veas que tu vecino se pone en forma, que tu primo ha tenido la osadía de emprender, y que tu exnovia está acabando un máster que ambos empezasteis, entiende que ellos ni son más afortunados que tú, ni han tenido más suerte. Simplemente, cada vez que se han topado con la disyuntiva de la escalera, han sabido elegir el peldaño-arriba más veces que tú.

¿Por qué es esta conclusión de una trascendencia tan significativa? Porque es la fórmula que destierra la suerte y encumbra el esfuerzo. Porque es la fórmula que desmonta el argumento de que la gente con mayor éxito es aquella que simplemente es más afortunada. Porque demuestra que aquellos que más obtienen son también los que más se esfuerzan. Y porque te da la primera llave para revolucionar tu vida: concienciarte de que el éxito no es el resultado de la fortuna que la vida te regale, sino del número de «peldaños-arriba» que tú acumules.

Si quieres un premio mayor, tienes que pagar un precio mayor.

Si toda la gente interiorizase este Peldaño, dejaríamos de glorificar la suerte y empezaríamos a glorificar el esfuerzo. Y el mundo sería mejor gracias a ello.

24. ¿ERES JINETE O CABALLO?

Si toda la gente entendiese el poder del Peldaño anterior, se pondría fin a la mayor parte de los problemas que existen en el mundo. ¿Por qué? Porque empareja la enfermedad de «mi éxito depende de lo que otros deciden por mí» con su única medicina correcta: «mi éxito depende de lo que yo decido por mí mismo».

¿Te gustaría saber cómo averiguar si eres parte del grupo de la enfermedad o del grupo de la medicación?

Aquí verás cómo.

Imagina que eres un jinete que viaja sobre el lomo de un caballo. Transcurren los años y efectivamente compruebas que, gracias al esfuerzo de tu compañero, ambos habéis recorrido un alto número de millas. Miras a tu alrededor y te esfuerzas por disfrutar del paisaje, pero al hacerlo te sobrecoge una escalofriante pregunta: ¿Estamos ambos aquí porque lo he decidido yo que soy el jinete, o estamos ambos aquí porque lo ha decidido él que es mi caballo?

Quien tiene el control tiene el triunfo.

Permaneces en silencio, abstraído, dubitativo, confuso y sin respuesta. ¿Cómo poder dar con ella? Sencillo.

Tu caballo representa tu vida y tú, el actor encargado de protagonizarla, juegas el papel del jinete. Si tu forma de ver el sendero sobre el que se desplaza tu vida se basa en un conjunto de creencias en las que reina la suerte, el azar y la casualidad, y en las que tú no eres el que manda, sino el mandado... entonces tú no eres el jinete, sino el caballo. Y en la medida en la que entiendas que el éxito en tu vida no depende de la cantidad de suerte, sino de la cantidad de esfuerzo, no serás caballo guiado, sino el jinete que guía.

#LaInteligenciadelÉxito
Dime quién es el dueño de tus acciones
y te diré quién es el jinete de tu vida.
@Anxo

A continuación te expongo los dos grupos de palabras que caracterizan las mentes con mayor y menor inteligencia del éxito, respectivamente. Si, tras reflexionar sobre ambos, te identificas más con el segundo grupo que con el primero, podrás concluir que eres de los que cree que tu futuro depende de ti, mientras que si consideras que tu futuro depende de las decisiones de otros (gobierno, padres, pareja, jefe, sociedad), entonces crees en la columna de la izquierda.

¿Soy yo el jinete de mi caballo o soy yo el caballo de mi jinete?

Eres CABALLO si:	Eres JINETE si:
Te sientes fruto del azar	Te sientes fruto de un plan
Deciden otros por ti	Decides tú por ti mismo
El control está en poder de otros	El control está en poder tuyo
Haces lo que esperan que hagas	Haces lo que consideras que debes hacer
Trabajas por los sueños de otros	Trabajas por tus propios sueños
Te resignas	Te rebelas
Decides adaptarte a «el presente que hay»	Decides esculpir «el futuro que busco»
Crees que lo que suceda mañana depende de «lo que otros me ofrezcan»	Crees que lo que suceda mañana depende de «lo que yo provoque»
CREES EN LA SUERTE	CREES EN EL ESFUERZO

¿Por qué es esta tabla tan crucial para la inteligencia del éxito? Porque tu inteligencia del éxito guarda una estrecha relación con tu rol de jinete. Lo único que diferencia a las mentes triunfadoras del resto es que han cambiado el virus de la *casualidad* por el dogma de la *causalidad*, en el que todo responde a una relación causa-efecto. Inteligencia del éxito no es más que la capacidad para dirigir ese efecto igual que un buen jinete dirige a un gran caballo.

No hay cambio mental más importante que el de dejar de verte como escultura para pasar a verte como escultor.

No deciden otros por ti. Decides tú por ti mismo.

25. EL TREN

*S*alí del taxi con paso acelerado. Sólo tenía cinco minutos para llegar desde él hasta la oficina del jefazo que iba a recibirme. Era un mandamás de un importante partner *que quería asociarse con 8Belts. En aquel momento nosotros no éramos pequeños, sino diminutos, y ellos no eran grandes, sino gigantescos. Llegados a un punto del encuentro, la tensión se disparó y cuando mi interlocutor vio que yo no estaba dispuesto a ceder a sus peticiones por considerarlas abusivas, hizo uso de una frase de esas de yo-soy-mejor-que-tú: «Anxo, 8Belts nos necesita a nosotros más que nosotros a 8Belts, así que más te vale reflexionar y ceder». Traducción: o accedes o te pisoteamos. Pero...*

#LaInteligenciadelÉxito
Más vale perder una negociación que perder tu dignidad.
@Anxo

Las palabras que le regalé en respuesta a su amenaza quizás no sean fáciles de pronunciar, ya que requieren osadía, pero para mí son la fórmula que permite no sólo mantener la dignidad y proteger tus intereses, sino también elevar tu determinación y anclarte en el coraje. Pueden sonar arrogantes, pero en absoluto buscaban serlo. Juntas forman el corazón de este Peldaño.

> *«Nosotros somos un tren. Ustedes pueden subirse o bajarse, pero el tren no se detiene.» O lo que es lo mismo, «podremos tardar más o tardar menos, pero alcanzar nuestro destino es un objetivo innegociable. Con o sin ustedes».*
>
> *Se hizo un silencio sepulcral. Esa respuesta era lo último que mi interlocutor se esperaba. Una hora más tarde los que cedían a las peticiones de los diminutos, nosotros, eran ellos, los gigantes. Con el tiempo me reconocería que esa respuesta, lejos de alejarnos de ellos, nos permitió ganarnos su respeto y su confianza.*

En la vida, negociaciones habrá muchas. Pero dignidad sólo hay una.

Ojalá el relato de mi historia no te haga interpretar el consejo como una guerra de poderes o como una oportunidad para desplegar arrogancia. Eso sería un desacierto. No hay nada que nos garantice que vamos a alcanzar nuestro objetivo sin ninguna posibilidad de fracaso. Por supuesto que podemos fracasar y esa siempre es una opción real. Es bueno reconocerlo para no perder de vista la humildad. Lo que es innegociable no es alcanzar nuestro destino, sino tener una determinación infinita por hacerlo; no el conseguirlo, sino el dejarnos la piel por lograrlo. Y ese tipo de coraje es algo que muchas veces no sólo no aleja al otro de ti, sino que te hace incluso más atractivo ante él.

¿Has oído alguna vez aquel viejo proverbio que dice que cuando te regalan un martillo ves todos los problemas como clavos? Confío en que tú no cometas ese error. Si este Peldaño es un martillo, hay mil problemas en la vida que no son clavos, y para los que la solución será otra. Pero inversamente, hay muchas situaciones en las que la solución sí será plantar cara a tu contraparte y proteger aquello por lo que luchas. Cuando tu clavo sea defender tus intereses o tu dignidad en una relación, en tu puesto de trabajo, en una negociación injusta o en un abuso de poder, este será tu martillo:

«Yo soy un tren. Puedes subirte o bajarte. Pero el tren no se detiene».

26. LA CULTURA DE EMPRESA

Ten una empresa sexi. Rompe algún molde.

Una de las facetas más bonitas de fundar una empresa es la de poder crear su cultura. La cultura de empresa es el conjunto de pequeños detalles que nos diferencian del resto de las compañías y que de algún modo nos hace a cada una de ellas única. Este es un tema que a mí siempre me ha apasionado y gracias al cual me pasé años soñando y concibiendo muchos de los aspectos que hoy forman la idiosincrasia de 8Belts. Dejo claro que para nada nuestra cultura de empresa actual es fruto exclusivamente mío. Yo he aportado una parte. El resto del equipo ha aportado otra mucho mayor.

Aunque este Peldaño va dirigido a empresas y directivos con gente a su cargo, su ámbito va más allá que simplemente la empresa. He conocido familias con una cultura e idiosincrasia propias y también relaciones de pareja y entre amigos que eran únicas simplemente por haber incorporado en su día a día un conjunto de componentes singulares. Aunque en esos ámbitos no pueda llamársele «cultura de empresa», su efecto es el mismo.

Existe un error muy frecuente entre los departamentos de recursos humanos de empresas de todos los tamaños. El error consiste en pensar más en cómo puede seducir el candidato a la empresa que la empresa al candidato. El motivo por el que esto es un error es que el mercado laboral es el mismo para todas las empresas y, por tanto, todas pujamos por el mismo talento. Ganan las compañías que consiguen seducir a los mejores, y eso conlleva tener la mejor cultura de empresa. La pregunta es: ¿Qué nos hace únicos? O mejor aún, ¿qué diría la gente que nos hace únicos?

Crea algo único y el mundo querrá formar parte.

En 8Belts nuestra oficina no se llama «la oficina». Se llama «La 8House» («La Ocho-House»). Nuestra fiesta anual de empresa es «La 8Party», nuestro grupo para mensajes divertidos, «El 8Chat», nuestro programa formativo, «8University» y nuestro equipo, «El 8Team». Cuando un candidato nos visita para una entrevista de trabajo, lo primero que hace no es entrar en su entrevista de trabajo, sino en un programa que le explica por qué sería un acierto para él sumarse al 8Team. En lugar de asumir que los que tenemos la sartén por el mango somos nosotros, este programa asume **que el que tiene el control es él**, e invertimos tiempo en conseguir que también él nos quiera elegir a nosotros, ya que si es el mejor en su puesto, nosotros tendremos que competir con otras empresas para seducirlo a él y no al revés. Y no le ofrecemos solamente agua, sino un desayuno entero si lo desea. Por si fuera poco impacto, un día el 8Team tuvo la brillante idea de comprometerse a saludar a cada candidato con el que alguien se encuentre en la 8House con una sonrisa y un «suerte en tu entrevista», y desde entonces así lo hacemos. Yo el primero.

Por supuesto a veces esto puede jugar malas pasadas.

—*Hola. Bienvenido a la 8House. Te robo un minuto sólo para desearte suerte.*

—*Gracias, Anxo, pero en veinte años nunca me he equivocado de cable.*

Era el electricista. ☺

Si bien la cultura de empresa es un mundo, estos son algunos de los componentes que hacen que aunque tengamos un gran margen de mejora, la gente que nos visita se quede con la sensación de que puede haber empresas mejores y peores, pero no iguales. Que se produzca ese impacto en sus mentes es la función de la cultura de empresa. Y lejos de opinar que su importancia radica sobre todo en los miembros que aún no se han sumado al equipo, considero que su mayor valor es el que incide en aquellos que ya están dentro. Mi verdadero sueño es que mi empresa sea una «fábrica de la felicidad», en la que el día en que alguien se vaya lo haga más feliz que cuando llegó. Muchos me han llamado iluso, pero aún hoy sigo defendiendo que las empresas tenemos el poder de ser fábricas de la felicidad, donde las personas con puestos de responsabilidad nos esforcemos a diario por crear el mejor ambiente posible de trabajo. Eso requiere que los directivos pensemos más en servir que en ser servidos, entendiendo que las empresas no somos empresas, sino conjuntos de personas.

#LaInteligenciadelÉxito
No somos a veces personas y a veces trabajadores.
Somos siempre personas que a veces trabajamos.
@Anxo

27. CÓMO DESCUBRIR TUS POZOS DE PETRÓLEO

En un mundo que es cada vez más competitivo y en el que muchos usan las redes sociales como escaparate para sus habilidades, cada vez son más los que comparan sus talentos con los de otros para acabar sintiéndose inseguros con los suyos. Si estás entre ellos, tengo dos mensajes muy alentadores para ti.

El primero es

#LaInteligenciadelÉxito
no compares tus méritos con los de otros. Que los tuyos sean grandes
no depende de que los de otros sean pequeños.
@Anxo

Y el segundo es que, dicho lo anterior,

---

tus talentos no son menores. Son diferentes.

Si alguna vez te encuentras en una situación en la que parece que alguien tiene mucho más talento que tú, reconoce que ese talento que tú ves en él o ella probablemente no sea mayor, sino más visible. Ten en cuenta que lo más probable es que los talentos que tú conoces sobre ti mismo son sólo una parte de todos los que realmente tienes. ¿Por qué? Porque una parte de tu talento para ti está oculta actualmente. Y ese es el propósito de este Peldaño: detectar tus pozos de petróleo que aún están sin encontrar. Para ello deberás sumergirte en un proceso de autoexploración e introspección de varios pasos.

Primero. Exponte. Y mucho. Todos llevamos dentro un detector de talento, pero sólo se activa cuando entramos en contacto con el área en la que hacer uso de él. Por ello, lo más acertado es probar cosas diferentes. Cuantas más, mejor. Sería como buscar las mejores comidas de un bufé libre. Si quieres encontrar muchas, prueba muchas.

Ten en cuenta que cuando hayas identificado áreas que sospechas que pueden ser un pozo de petróleo, esas áreas de momento aún no son un pozo de petróleo, sino un candidato a serlo. En los siguientes puntos se incluyen las preguntas que debes formularte tanto para identificarlos como para confirmarlos.

Segundo. Cuando llevas esa habilidad a la práctica ¿el tiempo parece detenerse? Un síntoma casi inequívoco de que esa área es especial para ti es que tú puedas realizarla durante horas y perder la noción del tiempo, cuando otros se cansarían tras tan sólo unos minutos.

Tercero. ¿Disfrutas tanto con ello que estarías dispuesto a hacerlo sin cobrar? En la medida en que tu respuesta sea un rotundo sí, habrás detectado una pasión.

Cuarto. Tu habilidad ¿es única o común? A veces no detectas tu talento no porque no sepas que en esa área realizas un gran trabajo, sino por no saber que, en esa misma situación, el trabajo que realizarían casi todos sería pésimo. Este problema sucede cuando algo se nos da tan bien que no nos damos cuenta de que para nosotros esa habilidad es natural, pero para el resto del mundo, no.

Quinto. Si sospechas que lo que has encontrado realmente es un pozo de petróleo, empieza a buscar momentos desde tu niñez hasta el presente que lo confirmen. Si te resulta fácil identificar instantes en tu vida en los que, efectivamente, ya despuntabas en esa área, entonces eso probablemente sirva de confirmación para tu sospecha sobre ese pozo de petróleo.

Sexto. Si no consigues encontrar pozos de petróleo por tu cuenta, apóyate en otros. A veces saben más otros sobre nosotros que nosotros sobre nosotros mismos. ¿Por qué? Porque nosotros nunca podremos vernos a nosotros mismos desde fuera. Ellos sí. Y eso les permite ser más objetivos. Simplemente formula a la gente de tu entorno esta pregunta: «Si tuvieses que identificar un área (o áreas) que tú consideres que me diferencia más del resto de las personas, ¿cuál sería?».

Séptimo. ¿Es útil? Si eres el mejor de la historia en varios campos pero estos no aportan valor al mundo, tener todos esos pozos de petróleo será equivalente a no tener ninguno. Si quieres que realmente tengan valor, encuentra su utilidad, y en la medida en que te sea posible, conviértelos en tu forma de vida. ¿Por qué? Porque...

**La vida sólo te da dos opciones:
o trabajar por aquello que te apasiona a ti,
o que seas tú el que trabaje por aquello
que apasiona a otro.**

---

28. EL ENDEUDAMIENTO MUTUO

*S*ebastián y Alejandro se conocían hacía tan sólo unos meses, pero, sin embargo, habían logrado alcanzar un grado de amistad al que muchos amigos no consiguen llegar en toda una vida. Tenían una frase para definir su casi hermandad:

#LaInteligenciadelÉxito
No te conoce mejor quien mucho te ha visto, sino quien con poco te capta.
@Anxo

De las múltiples virtudes con las que Alejandro definía a Sebastián había una que le había cautivado por encima del resto: su generosidad. Curiosamente, si alguien hubiera pedido a Sebastián que elogiase algún atributo de Alejandro, hubiera destacado de él exactamente el mismo. No obstante, ninguno de los dos hubiera sabido que esa generosidad era el secreto de su gran sintonía.

Todo empezó cuando durante las primeras semanas, justo después de conocerse, cada vez que salían a tomar una copa Sebastián tenía la manía de desenfundar su billetera más rápido que un pistolero su pistola. Alejandro tenía la sensación de que nunca había forma de invitarlo a nada. Mientras Sebastián lo hacía sin ser consciente de su gene-

rosidad, Alejandro fue tomando cada vez mayor consciencia de ese hecho y por fin, una semana en la que ambos se tomaron una bebida juntos varios días casi seguidos para debatir la posibilidad de hacerse socios y montar un negocio, Alejandro se le adelantó a la hora de pagar y lo invitó. Primero lo invitó a la comida del lunes, luego a los cafés del miércoles, al día siguiente a la cena del jueves, y cinco días después pagó los desayunos del martes. Sebastián se vio abrumado por tantos actos consecutivos de altruismo, y obviamente sintió que la balanza estaba muy descompensada a favor de él y en contra de su amigo, pero Alejandro entendía que él sólo estaba poniendo las cosas en su sitio, ya que el perjudicado durante mucho tiempo había sido su amigo Sebastián. Huelga decir que Sebastián se empeñó con total ahínco en pagar la cuenta todas y cada una de las veces sucesivas en que ambos se encontraron, y la consecuencia de ello fue un aumento todavía mayor de la sensación de deuda que Alejandro tenía hacia él.

Ambos habían entrado en el círculo virtuoso del endeudamiento mutuo, y gracias a él, acabarían siendo amigos hasta su último día en la Tierra.

La amistad siempre es una alianza voluntaria. Nunca exigida, sino sólo merecida.

Esta historia es fantástica. Demuestra el enorme poder de algo tan bonito como el fenómeno del endeudamiento mutuo. Ambos habían dado mucho y recibido mucho, pero el preocuparse por defender los intereses del otro por encima de los suyos propios les hizo fijarse en el 100 % de lo recibido y en el 0 % de lo dado. El resultado fue que ambos se sentían en deuda con el otro. Y no sólo eso, sino que además tenían la sensación de que el otro nunca les permitía saldar las cuentas, lo cual, sin quererlo, hacía que el endeudamiento se perpetuase en el tiempo.

(Siempre me ha ilusionado la idea de que en mi empresa

8Belts, crezca lo que crezca, nunca deje de reinar la cultura del endeudamiento mutuo entre los miembros del equipo 8Belts, los 8Teamers. Quiero pensar que es así, aunque no soy yo el más indicado para decirlo, sino nuestros empleados. Si algún día tienes ocasión de conocer a un 8Teamer, te invito a que le formules tú mismo la pregunta y me cuentes qué averiguas a través de mi cuenta de Twitter, @Anxo.)

Das, das y das, y al final, cuando el juego es cosa de dos, ambos os veis metidos en la maraña del endeudamiento mutuo, pero justo esta es una de las pocas que vale la pena no desenmarañar. Ese es el secreto de las relaciones duraderas: preocuparse más por pagar la cuenta del otro que de que el otro pague la tuya; sobre todo cuando no se trata de una cuenta.

**La generosidad de un solo gesto a veces basta
para ganar la confianza de toda una vida.**

---

29. EL TERMÓMETRO DE LA ILUSIÓN

PREPARACIÓN   ESPERA

¿**A**lguna vez has invertido una enorme ilusión en algo que esperabas que saliera adelante y que al final no salió? ¿Alguna vez no luchaste con todo el esmero por un objetivo porque pensabas que no lo alcanzarías? Si eres como la mayor parte de la gente, entonces te enfrentas a ambas situaciones con la actitud incorrecta. Este Peldaño te va a dar la fórmula para hacerlo de la forma más acertada.

Tomemos tres situaciones. Una es una entrevista de trabajo, otra es un importante examen y la tercera es un premio al que te has presentado. Los tres ejemplos se componen de dos fases. La fase uno es la fase de preparación. Esta es la fase en la que tú tienes el control de la situación. Todos los minutos que inviertas en esta fase serán minutos constructivos, ya que a mayor preparación, mayores posibilidades de conseguir tu objetivo. Luego llega el momento para el que te has estado preparando, sea la entrevista, el examen o el premio, y tras ese instante se pone en marcha la fase dos. Esta es la fase de espera, en la que el control ya no está en tus manos, sino en manos de los que tomen la decisión. ¿En qué consiste el truco? En que tu termómetro de la ilusión tenga la máxima temperatura durante la fase de preparación y la mínima durante la fase de espera. Este es el motivo. Durante la fase de preparación, a mayor ilusión, mayor motivación. Y cuando estás más motivado, te esfuerzas más y te preparas mejor. Pero durante la fase de espera es necesario hacer justo lo contrario. Dado que en esta fase la ilusión ya no afecta el resultado, es mejor que la temperatura de tu termómetro sea la mínima posible, ya que:

---

donde no hay ilusión, no hay decepción.

Si al final no te dan el trabajo, la nota máxima o el premio, tu falta de ilusión te habrá protegido. Incorporar este consejo a tu inteligencia del éxito te permite ser consciente de que tener tu ilusión a la máxima temperatura durante la fase de preparación te prepara más, y tenerla a la mínima durante la de espera te desprotege menos.

La próxima vez que te presentes a una entrevista de trabajo, prepárate como si el trabajo ya fuese tuyo, y acto seguido actúa como si el trabajo ni existiese. Tener esta actitud te permitirá darlo todo antes de la entrevista y no esperar nada después de ella.

#LaInteligenciadelÉxito
Nútrete de la ilusión sin que te inmute la esperanza.
@Anxo

Aumentar tu inteligencia del éxito es entender que cada gota de ilusión en la fase uno te hace más fuerte, pero cada gota de ilusión en la fase dos te hace más vulnerable.

#LaInteligenciadelÉxito
Ser invencible es dejarse la piel cuando el resultado depende de ti y no esperar nada cuando ya está en manos de otros.
@Anxo

30. ENTRENA TU MENTE PARA EL ÉXITO

Si no eres alumno de 8Belts, el contenido de este Peldaño te vendrá genial. Si lo eres, te vendrá aún mejor. El aprendizaje de idiomas en 8Belts, como sabes, se produce de manera online. No contamos con academias físicas para un estudio presencial, por lo que nuestros Belters (alumnos) sólo estudian cuando están conectados a internet o a la aplicación. Esto es el aprendizaje online, pero, además, existe otro que yo denomino aprendizaje offline. Este es el aprendizaje que tiene lugar cuando no estás llevando a cabo el estudio de forma directa. Ese es el tipo de aprendizaje en el que se va a centrar este Peldaño, en todo lo que puedes aprender cuando no estás estudiando.

Tras años investigando sobre cómo aprende el cerebro humano, y en especial cómo aprende idiomas, he observado que para conseguir pronunciar una frase en el idioma que se esté aprendiendo y hacerlo con fluidez y de forma totalmente correcta, es necesario haber repetido y ensayado esa frase 23 veces dentro de un periodo de unos siete días. Lo interesante de esto es que todo ese entrenamiento mental puede llevarse a cabo durante la fase offline. Cada repetición de esa frase que realices por tu cuenta mentalmente a lo largo del día contabilizará de cara a tus 23 repeticiones igual que si la hicieras cuando estás estudiando. ¿Qué significa esto? Que puedes estar ejercitando tu cerebro durante el día sin necesidad de tener ningún tipo de material de estudio: mientras estés en la ducha, montando en bicicleta, paseando, tumbado en la cama o nadando. Y lo que es mejor, hacerlo extraerá el poder de tu mente, acelerará tu aprendizaje y disparará tus resultados. Si yo he aprendido varios idiomas, no ha sido porque haya estudiado una década cada uno, sino por haber condensado el estudio con esta práctica.

Multiplica el tiempo de reflexión y multiplicarás las horas de aprendizaje.

Ahora bien, si consideras que esta técnica sólo es aplicable a alumnos de 8Belts o incluso solamente a los idiomas, te estarías quedando con un grano de arena en lugar de con la playa entera. Para demostrarte que va mucho más allá, te daré otro truco de memorización, aplicación de lo anterior, que es incluso más práctico y que espero que te acompañe durante el resto de tu vida.

¿Sabes cuál es la palabra más bonita para cualquier persona del mundo?

Su nombre.

Y, sin embargo, lamentablemente, suele ser la palabra más olvidada. Este truco va a permitirte extraer el oro de la mina que llevas en tu mente y que de no ser por este Peldaño quedaría desaprovechado.

Imagínate que un colaborador tuyo te presenta a su jefa, María, en un cóctel de trabajo. Te dice su nombre y te cuenta un par de cosas sobre ella. Esos minutos en los que te proporciona esa información equivalen a la parte online y obviamente son muy importantes, ya que sin ellos, no tendrías los datos que necesitas. Es crucial que prestes atención a esa información, especialmente el nombre. Pero lo interesante viene justo después. En cuanto la conversación se termina, comienza la parte offline, aquella en la que tu cerebro trabaja por su cuenta y empieza a explotar el potencial que no aprovechamos. Mientras te diriges a la mesa de las bebidas y tienes unos minutos sin contacto con nadie, pon en marcha el siguiente truco. Toma el nombre de tu nuevo contacto, María, y piensa en la primera persona que venga a tu mente con ese mismo nombre. Puede ser una persona de tu familia, de tu infancia, de tu círculo de contactos o incluso alguien conocido o famoso. Usa tu imaginación para volver a la situación anterior y situar a la persona imaginaria al lado de la real. Siempre de forma imaginaria, haz que ambas personas interactúen entre sí. Quizás tu mente decida que se den un abrazo, un apretón de manos o algo menos realista, como que una se agache y limpie los zapatos a la otra. Curiosamente, si eliges una acción menos habitual, tu mente la recordará mejor, puesto que los pensamientos normales se diluyen y se olvidan, y los absurdos resaltan y se recuerdan. Ahora cada vez que quieras recordar a la María real, tan sólo reproduce la película que has creado en tu mente. En cuanto visualices a la María imaginaria, sabrás el nombre de la persona real.

Entrena esta técnica desde hoy mismo y te demostraré que no tenías mala memoria para los nombres. Es que no usabas el poder de tu mente.

#LaInteligenciadelÉxito
No digas que eres malo en algo. Mejor di que desconocías la técnica para dejar de serlo.
@Anxo

31. 5 CLAVES DE LA INTELIGENCIA EN LA COMUNICACIÓN

¿**P**iloto? ¿Médico? ¿Abogado? ¿Ministro? Qué va. Yo cuando era niño soñaba con ser comunicador. Comunicar y motivar. Siempre tuve claro que si cada persona fuera conocedora no del potencial que podría poseer, sino del que ya posee, sufriría insomnio solamente de la emoción. Y mi sueño, como fan del ser humano, era tener el privilegio de ayudar a la gente a descubrirlo. Qué bonito que, gracias a la popularidad de mi primer libro, *Los 88 Peldaños del Éxito*, en los últimos años haya tenido el enorme honor de dar más de trescientas conferencias en los cinco continentes y en países tan variopintos como Kazajistán, Marruecos, Portugal, México o Estados Unidos. ¿Me lo hubiera creído si alguien me hubiera dicho de niño que iba a tener el privilegio de dirigirme a cientos de miles de personas? Supongo que tanto como Neil Armstrong si le hubieran dicho que de mayor sería el primer humano en pisar la Luna. O sea, ni en sueños.

La escuela que más enseña es la escuela de los batacazos. Como trescientas conferencias dan para muchas escuelas y muchísimos batacazos, hoy soy conocedor de muchas técnicas y prácticas que hace unos años desconocía. No sé a quién podríamos considerar el mejor comunicador del mundo, pero si pudiésemos entrevistarlo, fuese quien fuese, y pedirle las mejores claves de la comunicación, estoy convencido de que al respecto de las que aquí incluyo diría algo así como... «no están todas las que son, pero sí son todas las que están». Por tanto, no voy a crear un Peldaño a modo de disertación. Voy a hacer algo mejor. En lugar de crear un océano con cincuenta claves para que tú navegues y tengas que identificar las cinco mejores, directamente te ahorraré las 45 peores. ☺

Aquí el ranking de mis cinco claves más rompedoras de la comunicación (tanto escrita como oral), de la última a la primera.

#LaInteligenciadelÉxito
La capacidad para comunicar es la mayor de las capacidades del ser humano.
Y la más desaprovechada.
@Anxo

N.º 5. *El secreto de la coherencia*

Una charla (o un texto) puede tener coherencia y ser mala, pero, desde luego, no puede no tener coherencia y ser buena. La coherencia es condición *sine qua non* para comunicar bien. La pregunta es: ¿cómo lograrla?

Este es el truco. Enlaza un mensaje del final (a ser posible la conclusión) con mensajes del principio. Aquí muestro un par de ejemplos.

«¿Recuerdas cuando al principio dije que mi teoría tenía el poder de ser revolucionaria? Este es el motivo...»

«Al inicio de mi discurso dije que lo que les he contado no funciona en el 100 % de los casos. Esta es la explicación...»

Las ventajas de esta clave son dos. La primera es que demuestras que cada parte de tu mensaje no era una baldosa en la cuneta, sino una baldosa en un camino. Sigue un hilo que es parte de un viaje y que tiene razón de ser. La segunda es que estás demostrando que has sido capaz de completar el círculo, y completar el círculo es sinónimo de lograr algo valiosísimo: dar al público/lector una sensación de cierre. No es un cuadro a medias. Es un cuadro acabado.

N.º 4. *No se adapta la audiencia al mensaje. Se adapta el mensaje a la audiencia*

Si estás dando una conferencia médica a gente que no trabaja en tu campo y quieres usar la palabra «ensalmar» como sinónimo de «componer un hueso roto» y estás seguro de que la inmensa mayoría de tu público no conoce esa palabra, por el amor de Dios trágate tu purismo y di «componer un hueso roto».

N.º 3. *Ten decalaje*

¿Qué es el decalaje? La distancia entre lo que vas pensando y lo que vas diciendo. A mayor distancia, más control. Y a menor distancia, más nervios. Si ves que aumentan tus nervios y que tu decalaje es demasiado corto, aquí tienes el remedio: simplemente reduce la velocidad de tus palabras. Reducir drásticamente la velocidad te da tiempo para pensar no sólo en una cosa, como puede ser tu mensaje, sino en otras igual de importantes como evitar muletillas, ser consciente de cómo empleas tu lenguaje corporal, sonreír o no repetir palabras. Dicho de otro modo, ir por delante es tener control.

N.º 2. *No pienses «comilonas». Piensa «bocados»*

¿Sabes qué son los conectores discursivos? Hay dos maneras de explicarlos. La primera es con la explicación gramatical. Esa aquí me interesa poco. La segunda me interesa más. Los conectores discursivos son... tu mayor enemigo (incluyo varios en mayúsculas en el primer ejemplo).

¿Y quién es tu mayor amigo? El punto y seguido.

MAL:

«Idea 1, A PROPÓSITO... blablablá... idea 2, AUNQUE TAMBIÉN ES CIERTO QUE... blablablá... idea 3, SI BIEN, DICHO SEA DE PASO... blablablá... idea 4, EN REALIDAD ESTO NO ES DEL TODO CIERTO, YA QUE... blablablá...».

BIEN:

«Idea 1. (¡PUNTO!) Idea 2. (¡PUNTO!) Idea 3. (¡PUNTO!) Idea 4. (¡PUNTO!)».

Apostaría mi dedo meñique (tranquilo, es retórico) a que no existe casi ningún mensaje de cinco renglones que no pueda dividirse en cinco mini-ideas que formen cinco mini-frases.

Cada vez que dentro de una frase abrimos otra y otra y otra es como poner un bocado en la boca de alguien y luego un segundo y un tercero sin permitirle tragar el primero. Comunica igual que comes. Permite que la gente trague el mensaje uno antes de darles el mensaje dos. ¿Cómo? Con ideas cortas que empiezan y acaban.

El conector discursivo convierte tus mensajes en comilonas. El punto y seguido las convierte en bocados. Y...

**Las comilonas se vomitan.
Los bocados se digieren.**

N.º 1. *Crea un pedestal para tus mensajes estrella*

Si yo te presentara cuatro árboles llenos de hojas, seguramente no podrías decirme cuál es el número total de hojas, pero, sin embargo, sí sabrías decirme cuál es el número total de árboles. Lo mismo debería suceder con tu discurso y tus mensajes. El número de palabras de tu discurso es indeterminado, pero el número de mensajes no lo es. Debes conocer cada uno de tus mensajes estrella, y cuando llegue su momento, tendrás que asegurarte de que ningún miembro del público se los pierde. ¿Cómo? Creándoles un pedestal.

Cada vez que insertas un silencio deliberado, usas tu lenguaje corporal o modulas el tono de tu voz para dirigir la atención, estás generando expectación, y hacerlo es sinónimo de... «aquí va a pasar algo importante». Conseguir crear expectación antes de dar un mensaje equivale a construir un pedestal para ese mensaje. Y todo lo que se sube a un pedestal se observa más, se pondera más, y se retiene más.

«... Y ahora les voy a contar (pausa) las tres formas (tres dedos en alto, tono de énfasis) con las que creo que la empresa puede obtener un crecimiento interanual de dos dígitos (silencio, brazos abiertos, rostro de expectación)...»

Crea un pedestal así y te aseguro que el 100 % de tus interlocutores que estén jugando con su teléfono móvil dejará de hacerlo para escucharte a ti.

Si quieres comunicar de forma impactante, da mensajes de modo inteligente.

---

32. LOS HOYOS Y LOS ÁRBOLES

El siguiente Peldaño podría formar parte del anterior por su valor comunicativo, pero su fuerza es tal que requiere de un Peldaño entero para ser desarrollado. De entre todas las herramientas comunicativas, esta es la más poderosa.

Cualquiera que quisiese plantar un árbol probablemente opinaría que el componente más importante de todo ese proceso es el árbol, pero yo defiendo que lo más importante no es el árbol, sino el hoyo. ¿Por qué? Porque por muy hermoso que sea el árbol, si no existe el hoyo en el que plantarlo, este no podrá ser plantado.

Implanto es una empresa que ha experimentado un gran crecimiento en los últimos años. Su modelo de negocio consiste en vender árboles a grandes corporaciones con la idea de embellecer los jardines que rodean sus sedes centrales. Parte de su éxito yace en sus ya populares excavadoras de color rojo fosforito. El CEO de Implanto había elegido ese color por motivos de prevención de riesgos, ya que un color tan brillante llamaría más la atención y evitaría accidentes entre transeúntes descuidados. Sin embargo, su función principal acabó siendo otra. Dado que, cada vez que el cliente compraba un árbol, Implanto enviaba una excavadora roja el día anterior para cavar el enorme hoyo sobre el que plantar su gran árbol, la simple llegada de la excavadora provocaba un pequeño júbilo entre los empleados del cliente, puesto que «si hoy llega la excavadora, es que mañana llega el árbol». El vehículo impactaba sobre el terreno con su hoyo, pero también sobre las mentes de los empleados con su anuncio. Sin quererlo, había servido para crear expectación. ¿Dónde estaba el quid? En que el mero hecho de que los empleados se hubieran pasado veinticuatro horas pensando en cómo sería el árbol hacía que la gente prestase más atención a ese árbol una vez plantado.

Traslademos esta fábula a la vida real a fin de que la puedas aplicar para comunicar cualquier mensaje con mayor eficacia. Cuando lo hagas verás que no falla. Cada vez que quieras dar un mensaje, genera interés en la mente del otro creándole un hoyo. Para ello, lo único que deberás hacer es no dar la noticia sin más, sino anunciar que vas a darla. Dar la noticia sin más es centrarse en el árbol. Anunciar que vas a darla es cavarle su hoyo. Esto la pondrá en mucho más valor y generará la expectación, el hoyo, sobre el que comunicar el mensaje, tu árbol.

El impacto de un mensaje es proporcional a la expectación que crees antes de darlo.

¿Por qué la mayor parte de los consejos que los padres dan a sus hijos adolescentes les entran por un oído y salen por otro? Porque no han creado el hoyo. Yo como padre quiero contártelo, pero tú como hijo no quieres escucharme. Mi árbol puede ser muy adecuado, pero está falto del hoyo. Genera primero la expectación (crea el hoyo), y sólo entonces dale tu consejo (planta el árbol).

En una conferencia: y ahora vamos a entrar en la parte más importante de toda la presentación.

Un presentador de TV: lo que van a presenciar en unos minutos es algo que les va a dejar realmente impactados.

A tu pareja: tengo una sorpresa para ti. He estado investigando y he encontrado el destino perfecto para nuestras vacaciones. Esta noche te lo cuento.

#LaInteligenciadelÉxito
Decirte algo sin contar con tu interés es como salir a surfear
sin mirar si había olas.
@Anxo

33. NO BUSQUES TENER. BUSCA SER

Cuando antes de saltar al escenario en una conferencia el presentador lee mi currículum de principio a fin, la gente se sorprende. Mucho. Pero curiosamente, el que más se sorprende soy yo al ver sus caras de sorpresa, ya que para mí esos hitos son menos sorprendentes que para ellos. Es verdad que he aprendido un montón de cosas, pero porque ¡no ha habido un solo periodo en mi vida en que no estuviera asistiendo a clase de algo! Por tanto, no es magia. Es esfuerzo. Y como la receta ha funcionado para mí, no puedo dejar de recomendártela a ti.

Mi objetivo en este Peldaño es conseguir transmitirte que ir a clases de lo que sea transformará por un lado tu cerebro y por otro tu forma de ver la vida, y el resultado de esto es que tendrá un enorme impacto no en aquello que tienes, sino en algo mucho mayor: quien tú eres.

En el Peldaño 46 de mi primer libro, *Los 88 Peldaños del Éxito*, decía que siempre es un acierto invertir en conocimiento porque equivale a invertir en aquello que no te pueden robar. Pero hay una ventaja adicional que muchos pasan por alto:

La superación crea adicción.

Una de las cosas más bonitas de mi trabajo en 8Belts es ver las caras de nuestros alumnos cuando comprueban que el producto funciona y que nuestro *claim* es real. Cuando irrumpimos en el mercado prometiendo y demostrando que la gente iba a hablar chino con 30 minutos al día de estudio tras tan sólo 8 meses (actualmente ya enseñamos inglés, francés, alemán...), los que dedicaban ese tiempo lo conseguían, y en sus entornos se convertían un poco en mini-héroes. La gente los veía de otra manera. De repente, Juan ya no era Juan. Ahora era «Juan el que habla chino», y la gente mencionaba ese hito casi con la misma emoción que si hubiera conseguido un premio nacional.

#LaInteligenciadelÉxito
La vida más bella no es aquella que más te permite TENER,
sino aquella que más te permite SER.
@Anxo

Fíjate qué forma más gráfica de explicar la belleza del principio anterior.

Cuando te compras una cámara fotográfica, tienes una cámara fotográfica, pero tú eres el mismo. Cuando haces un curso de fotografía, podrás tener la cámara o no, pero tú ya no eres el mismo. Ahora eres fotógrafo.

Desde que puse en marcha mi empresa 8Belts, hemos hecho campañas de publicidad muy variadas, con todo tipo de eslóganes. Sin embargo, uno destacó por encima del resto: «Pon el chino en tu CV». ¿Por qué? Porque era el que más impactaba sobre la identidad del cliente. Cuando mejoras tu currículum, mejoras tu identidad, y cuando mejoras tu identidad, haces que el concepto que tienes de ti mismo se eleve. Te sientes alguien distinto. Y además un alguien mejor.

La vida mejor no es aquella en la que tienes todo lo que puedes tener, sino aquella en la que eres todo lo que puedes ser.

---

34. SI QUIERES APRENDER MUCHO...

SI QUIERES APRENDER MUCHO...
APRENDE MENOS.

APRENDE MENOS...
PERO APRÉNDELO MEJOR.

He dedicado media vida (y me quedo corto) a estudiar y aprender. De momento voy por cinco titulaciones universitarias, nueve idiomas y nueve instrumentos musicales, y por supuesto haré todo lo posible por no detenerme ahí. En este Peldaño no me interesa hablar de todo lo que aprendí, sino de lo que he aprendido sobre cómo aprender, y lo que es aún más importante, sobre cómo no aprender. En el Peldaño anterior hablé de la importancia de las clases para aumentar tus conocimientos y ser más. En este me centraré en cómo aprender adecuadamente.

Invertir en aprender es invertir en crecer.

Estas son las claves que te vendrá bien tener en cuenta para explotar los resultados de las clases y los cursos comentados en el Peldaño anterior.

La primera es que, siempre que te lo puedas permitir, deberías dar prioridad a la enseñanza individualizada. Yo defiendo que una clase individual puede enseñarte más que diez de grupo. (Qué curioso que, en una clase de idiomas, el que más habla el idioma no es el alumno, sino el profesor.) Salvo cuando no hay una alternativa, yo hace años que no asisto a clases de grupo. Si el objetivo es hacer amigos o encontrar pareja, las clases de grupo suelen ser un éxito. Si el objetivo es aprender, suelen ser un fracaso. Te explico el porqué. Las clases de grupo se basan en un modelo que yo llamo TCS, o *teacher-centered-system*, en el que si el aprendizaje es un sistema solar, el sol es el profesor. Pero para aprender es necesario un SCS, o *student-centered-system*, donde el sol es el alumno. ¿Por qué? Por mil motivos: porque no se aprende escuchando, sino haciendo; no se aprende siendo escultura, sino escultor; y no se aprende cuando el profesor se preocupa por lo que él más desea enseñar, sino por lo que tú más necesitas aprender.

La segunda es que siempre deberías exigir resultados. Y rápidos.

Una vez estaba en una entrevista de radio hablando del método 8Belts y de hasta qué punto había supuesto una revolución en la industria de los idiomas. La amable periodista, intentando añadir un poco de escepticismo a la entrevista, me preguntó cómo podía la gente saber la diferencia entre los vendedores de humo y un método que vende algo real, ya que hay demasiados métodos y muchos prometen milagros. «La única forma de separar la paja del trigo es exigiendo resultados —le respondí—, sea mi empresa o sea cualquier otra.» Los que vendan humo, no podrán demostrar lo que prometen. Los que vendan resultados, sí.

Da igual lo que quieras aprender y da igual con quién lo aprendas. Se enseñe lo que se enseñe, si se enseña bien, deberías poder ver resultados rápidos. Exige que así sea. Si vas a clase de baile, llévate un paso de baile completo a casa hoy mismo. Si vas

131

a clase de piano, toca una canción, por básica que sea, para la fiesta del sábado. Si vas a clases para nadar mejor, cronométrate antes de la clase y confirma que lo aprendido mejora tus tiempos. Todos los días deberías poder llevarte alguna píldora de aprendizaje que sea útil, práctica y cuantificable. Siempre que la clase se centre en el valor de las cosas para el mundo real, esto es posible. Si no es así, cambia de profesor o cambia de método.

La tercera, no te centres en la teoría, sino en la práctica. Si preguntas a un gramático cómo hablar un idioma, es como si preguntas a un mecánico cómo conducir un coche. El gramático te hablará de gramática igual que el mecánico te hablará de mecánica, pero tu objetivo no es ni ser gramático ni ser mecánico, sino hablar un idioma en un caso y conducir un vehículo en el otro. Esto se aplica no sólo a los idiomas, sino a cualquier destreza en la que predomine la teoría por encima de la práctica. Céntrate en la parte práctica y esto te permitirá ver resultados rápido, lo cual resultará en un aumento de tu motivación.

Y la cuarta.

#LaInteligenciadelÉxito
El objetivo del aprendizaje no es cuánta información entra en tu cerebro,
sino cuánta de la que entra se queda dentro.
@Anxo

El éxito en el aprendizaje está en la retención. Para ello ten presente un conocido dicho en inglés: *«Use it or lose it»*. Aquello que no acabes utilizando, lo terminarás perdiendo. Aquello que acabes empleando, lo terminarás reteniendo.

#LaInteligenciadelÉxito
Lo importante no es cuánto realmente estudias,
sino cuánto realmente aprendes.
@Anxo

35. EL JARRÓN DORADO

Lo odió desde el día que se lo regalaron. Era un jarrón negro que una prima de su marido le trajo como recuerdo a su vuelta de un viaje a París. Gloria, la dueña del jarrón negro, una mamá de cuarenta y dos años, siempre había deseado colocar en su mesa del salón un jarrón dorado, pero había postergado la compra, y ahora su lugar era ocupado por uno negro. Deseó desprenderse de él desde el primer día, pero no podía hacerlo porque el jarrón tenía un problema. El problema era que... estaba en perfectas condiciones.

Un día al llegar a casa se encontró el jarrón hecho añicos en el suelo. Su hijo Blas le dio un codazo accidentalmente y, sin saberlo, puso fin al suplicio de su madre. Blas, asustado, levantó su mirada del suelo esperando encontrar en el rostro de su madre una muestra de desaprobación. Para su sorpresa, se encontró una amplia sonrisa. Lejos de producirle fastidio, lo ocurrido le produjo alegría. Liberarse de esa pieza era lo que ella siempre había querido. Esa misma tarde, Gloria se encargó de ir personalmente de compras y adquirir su deseado jarrón dorado.

¿Por qué nunca tiró el jarrón negro, si tanto lo odiaba?

Porque faltaba el detonante. Cuando la gente es reacia a tirar algo que no está roto, no es porque adore guardarlo, sino porque 133 carece de la justificación que le dé el impulso para tirarlo. Puedes estar descontento con tu jarrón, pero no haces algo para reemplazarlo hasta que no se rompe. La moraleja está en que algo supuestamente negativo, la rotura, se convierte en el principio de algo que es tremendamente positivo, el detonante que provoca una mejora.

La vida es un ciclo. El fin de lo anterior es el principio de lo siguiente.

¿Qué nos enseña esta fábula? Que igual que, cuando algo se rompe, la rotura es el detonante para resolver el problema, cuando en nuestra vida hay una situación de crisis, esta se convierte en el detonante para mejorarla. Igual que las roturas son el empujón del cambio, las crisis son el inicio del crecimiento. Algo que aparentemente supone empeorar, como que algo se rompa, realmente se traduce en mejorar: hacer un cambio que te hace estar mejor que antes. La paradoja de este Peldaño está en que igual que nadie en su sano juicio va a aplastar un jarrón contra el suelo sólo para justificar el cambio, nadie en su sano juicio va a provocar deliberadamente una crisis, a pesar de que gracias a ellas surge el crecimiento. Por tanto, no tiene sentido buscar las crisis, pero sí lo tiene ser consciente de las enormes mejoras que cada una produce.

La próxima vez que se te rompa tu jarrón negro, no debes alegrarte por su rotura, pero sí debes entender que la muerte del negro es el nacimiento del dorado.

#LaInteligenciadelÉxito
Agradece tu próxima crisis. Dentro de un año serás el doble de grande y el triple de fuerte gracias a ella.
@Anxo

36. 7 FORMAS INTELIGENTES DE CONSEGUIR EMPLEO

Hazte único

Diferénciate. Imagínate que acudes a una entrevista de trabajo, te pasas más de una hora hablando de ti y de tu vida, y los entrevistadores sonríen, se despiden y luego pasan a repetir el mismo proceso con cien candidatos más durante los días siguientes. Pregunta: ¿Hay una sola cosa que les haría recordarte específicamente a ti?

En la medida en que consigas que esa respuesta sea «sí», te habrás hecho único. La clave está en que puedan decir: «Sí. Recuerdo a esta persona. Es la que X». Esa X es lo que te diferencia de todos los demás candidatos. Ni siquiera tiene que ser algo pertinente a ese trabajo en concreto, sino algo que simplemente te haga distinto. 8Belts se construyó sobre este principio, ya que muchos de nuestros Belters (alumnos) estudiaban mandarín sólo con el objetivo de tener un currículum diferente. Y vaya si lo conseguían. Su X era: «Sí. Recuerdo a esta persona. Es la que... *habla chino*».

Hazte indispensable

Especialízate. El siglo XXI es el siglo de la especialización. Hay muchas personas, mucho conocimiento y mucha preparación. Gana el que sabe mucho de un campo muy concreto.

El éxito no se consigue siendo uno más de un campo grande, sino el mejor de un campo pequeño.

Trabaja por desarrollar una habilidad única que tenga valor en el mercado laboral y no serás tú quien tenga que seducir a las empresas, sino las empresas quienes quieran seducirte a ti.

Si pocos saben lo que tú sabes, en tu campo pocos valen lo que tú vales.

Hazte visible

El trabajo no lo encuentras tú, sino tus embajadores. ¿Adivinas cuál es el modo más habitual de encontrar trabajo para la gente? ¿Enviando currículums? ¿Agencias de empleo? ¿Anuncios?

Negativo.

La forma más habitual mediante la que la gente encuentra trabajo es a través de su círculo más cercano, o sea, conocidos, amigos y familiares. No necesariamente porque ellos sean quienes les den ese trabajo, sino porque son el puente hacia un tercero que es quien los acaba empleando. Si esto es así, la clave está en entender que no hay un solo motivo para que uno solo de tus contactos no esté al tanto de que estás en busca activa de empleo. Nunca te avergüences de ello. No tiene nada de indigno luchar por tu porvenir. Lo indigno sería no hacerlo.

Hazte memorable

Comunica con una claridad aplastante. Imagínate que pones en práctica el paso anterior de forma correcta. Tus amigos, familiares y conocidos están al tanto de que buscas empleo. Y cada uno de ellos, cada vez que se lo has comunicado, te ha hecho la misma pregunta: «¿De qué estás buscando trabajo?». Tú le respondes: «De lo que sea. Me da igual. De todo». ¿Cuál es el problema? Que responder «de todo» es exactamente lo mismo que responder «de nada». Es necesario que comuniques tus fortalezas o tus áreas de interés a esa persona de tu círculo de forma muy específica y con una claridad aplastante, ya que dar datos específicos es lo que te hace memorable. Esto es así porque estarás guiando su mente hacia un punto concreto, el campo específico que buscas o la habilidad determinada que posees, y en cuanto sepa de una oportunidad relacionada con ese punto, adivina quién será la primera persona que le venga a la mente. Tú.

Mejor transmitir excelencia en un campo que mediocridad en diez.

Hazte socio

Si no quieres emprender, únete a un emprendedor. Si estás buscando trabajo, probablemente no te sientas cómodo emprendiendo un proyecto, pero esto no impide que te puedas sumar al de otro. Hay dos tipos de personas: aquellas a las que les encanta pensar y crear, y aquellas a las que les encanta ejecutar y actuar. He constatado que es muy común que aquel que emprende sea un gran creador, pero no es menos común que casi siempre necesite de un gran ejecutor.

#LaInteligenciadelÉxito
Las alianzas inteligentes son aquellas en las que uno más uno es más de dos.
@Anxo

Hazte útil

Encuentra una necesidad y ofrece suplirla. Una forma casi infalible de conseguir trabajo es identificando una necesidad real de una empresa y ofreciéndote para satisfacerla. Hablándote como emprendedor que ha dado trabajo a mucha gente, y lo sigue haciendo, puedo asegurarte que ningún empleador en su sano juicio rechazaría a un candidato que pueda demostrarle que no contratarlo le sale más caro que hacerlo. Si tú le puedes demostrar que puedes conseguir que su empresa venda más, crezca más, llegue a nuevos mercados, ahorre costes u optimice procesos, en definitiva, que con tu contribución conseguirá más con menos, es muy difícil que no te contraten, ya que les has demostrado que necesitan a alguien concreto y que ese alguien eres tú.

Hazte altruista

Demuestra primero. Pide después. Si reparas por un momento en casi todos los productos que hayas comprado con un modelo de suscripción, sobre todo por internet, te darás cuenta de que, casi sin excepción, los usuarios exigen probar primero (gratis) y comprar después. Tú incluido. Emplea ese mismo modelo para el mercado laboral. Cuando te dispongas a poner en práctica los puntos anteriores, ten en cuenta que ellos no te conocen y que, por tanto, no tienen motivo para confiar en tu aportación. Esto requiere que primero demuestres lo que vales, relegando tus exigencias para más tarde. Trabaja gratis o de forma desinteresada por un tiempo. Ni siquiera hables de salario u honorarios. Sé que tu mayor preocupación es que eso pueda acabar en un abuso de tu generosidad por parte de ellos, pero eso es un miedo tuyo más que una probabilidad. Tómate ese tiempo como tu gasto en publicidad. En cuanto se materialice una colaboración, todos esos esfuerzos que no dieron fruto habrán valido la pena.

#LaInteligenciadelÉxito
Si tú eres la pieza y ellos el puzle, no les hables de lo bien que encajará tu pieza, sino de lo mucho que mejorará su puzle.
@Anxo

37. 4 CONSEJOS INGENIOSOS PARA UNA ENTREVISTA DE TRABAJO INTELIGENTE

Cuando decidas trabajar en una multinacional o en una gran empresa, no podrás explicar tu valor al CEO o trabajar de forma gratuita para demostrar tu valía como indicaba el Peldaño anterior, pero sí podrás realizar una entrevista de trabajo única. Este Peldaño incluye cuatro consejos ingeniosos para llevar a cabo la entrevista de trabajo con inteligencia del éxito. Si no buscas trabajo tú, no dejes de leerlo, ya que tarde o temprano tendrás que dar apoyo a alguien que sí lo busque, y en ese momento el Peldaño te será provechoso, oportuno y útil.

Un currículum con música

La entrevista de trabajo no empieza en el momento en que realizas la entrevista, sino en el momento en que redactas tu CV. Y en todo currículum hay dos conjuntos de elementos: los que te hacen sumar puntos para conseguir el puesto y los que no. Incluir lo que es relevante para ese trabajo, te ayuda. Incluir lo que no, te perjudica. Ahora verás por qué.

Imagínate dos orquestas en un mismo escenario. Una con los instrumentos afinados y la otra con los instrumentos sin afinar. Cada vez que toca la primera, se oye música. Cada vez que lo hace la segunda, se oye ruido. ¿Cuál sería tu trabajo como director de orquesta? Evitar que suene el ruido para que así se escuche la música. ¿Cuál es tu trabajo como candidato para ese puesto? Evitar el ruido de lo que no te beneficia para que suene la música de lo que sí lo hace. Cada vez que incluyes elementos en tu currículum sólo de relleno evitas que se escuche tu música, ya que esos elementos sólo aportan ruido.

Suprimir aquello que aporta poco hace que brille el doble aquello que aporta mucho.

Conoce bien la empresa para cuyo puesto te presentas

Una vez me encontraba en medio de una entrevista y cuando pregunté «¿Qué opinión tienes de 8Belts (OchoBelts)?», el candidato me respondió: «¿Ocho qué?».

Imagínate mi cara y la de todos los que lo estábamos entrevistando. Quizás ese candidato era una persona muy responsable, que siempre cumple con sus tareas, comprometido y trabajador, pero con esa respuesta es evidente que esa no fue la impresión que nos dejó. No cometas ese error. Haz siempre los deberes y averigua todo lo que puedas sobre la empresa, pero en cualquier caso, definitivamente... su nombre.

Ten lista la respuesta de por qué te encanta esa empresa

Una entrevista es como un cortejo. Si tienes sentimientos por una chica (o un chico), ¿le dejarías claro que te vale cualquiera o que la que te interesa realmente es ella? Las empresas somos iguales. Queremos tener la sensación de que el candidato nos quiere a nosotros y no a cualquiera. Así que si quieres demostrar que te importa este trabajo y esta empresa, siempre deberás tener preparada de antemano la respuesta a la pregunta «¿Por qué te gustaría trabajar aquí?». Dales la respuesta tanto si te formulan la pregunta como si no. Para ello, investiga a fondo la empresa, por un lado, y encuentra aspectos sobre ella que te impresionen de verdad, por otro. Si nada te impacta de todo lo que encuentras, entonces esa no es la empresa que buscas.

Si quieres que al otro le encante algo de ti, empieza por indicar qué te encanta a ti del otro.

Pregunta poco, responde bien, escucha mucho

Pregunta poco. Por supuesto que puedes formular preguntas, pero entiende tu papel. No están ellos allí para ser entrevistados por ti, sino tú para ser entrevistado por ellos. Si decides formularles alguna pregunta, asegúrate de que es una pregunta inteligente. La entrevista no es el lugar para informarse, sino para venderte. Informarte es algo que puedes hacer por fuera. Por tanto formula sólo preguntas en las que puedas demostrar tu brillantez. Si la pregunta no la demuestra, no la formules.

Responde bien. Si te preguntan «¿Por qué te interesa este puesto?», quizás la respuesta sea: «Porque necesito trabajar y me hace falta el dinero», pero esa respuesta nunca computa a tu favor. Antes de responder de forma impulsiva, analiza tu respuesta y pásala por un filtro. Este: «¿sumará o restará?». Sé siempre consciente de que si tu respuesta no suma, tus posibilidades no aumentan.

Y por último escucha mucho. Imagínate que estás en busca de un tesoro. Es de noche y te apoyas en tu linterna para explorar el terreno. Justo delante de ti, colgada de un árbol, está la última pista de tu tesoro, pero tú tienes la mirada tan pendiente de la zona que tu linterna alumbra delante de tus pies que pasas por alto la enorme pista que hubieras visto si tan sólo hubieras levantado la mirada para prestar atención. Centrarse en tu linterna equivale a obsesionarse con lo que tú hablas. Leer las pistas equivale a prestar atención a lo que otros dicen. Si en algún momento de la entrevista el entrevistador te habla de lo mucho que necesita gente resolutiva, presta atención a esa pista y no te pongas a hablarles sobre tu gran disciplina en lugar de sobre tu enorme resolutividad.

#LaInteligenciadelÉxito
Cuando no den resultado los caminos que sean más obvios,
prueba con los que lo sean menos.
@Anxo

38. EL AUTOMARKETING Y EL ANTIMARKETING

Haz lo mismo con tu mente que intenta hacer una multinacional con tu billetera, esto es, hacerle marketing. La empresa selecciona unos productos que desea que tú consumas y pone en marcha toda una maquinaria de seducción que consiste en bombardear tus ojos con esos productos de forma constante y por diferentes canales. Pensamos que da igual las veces que un director de marketing decida inundar nuestro campo de visión con su cartel de «cómprame» porque al final nosotros, los humanos, seres listos e inteligentes, acabamos comprando lo que nosotros queremos comprar, ya que estamos guiados por nuestras mentes racionales.

Falso.

Está demostrado que si ves un cartel que anuncia un producto un número de veces mayor, tendrás más probabilidades de comprar ese producto un número de veces mayor.

Por tanto, por mucho que hiera nuestro ego reconocerlo, no acabamos consumiendo lo que realmente queremos consumir, sino lo que otros desean que nosotros consumamos. De todos los productos con los que la empresa anunciadora cuenta, hay unos que le interesa vender más (los que les reportan un beneficio mayor) y otros que le interesa vender menos (los que les reportan un beneficio menor), y lo que hacen es promocionar los primeros y no promocionar o incluso ocultar los segundos. Esto mismo deberíamos hacer con nosotros mismos, a través de dos mecanismos que yo denomino el automarketing y el antimarketing.

Ambos parten de la premisa anterior: reconocer que todo lo que se encuentra dentro de tu campo de visión tiene más posibilidades de ser atendido, y que todo lo que se encuentra fuera de él tiene más posibilidades de ser ignorado.

En esto consiste la estrategia.

Decide qué objetos de tu vida cotidiana te acercan a tu éxito, y qué objetos te alejan de él. El automarketing consiste en que tomes el primer grupo y lo promociones; que tu mente se lo venda a tus ojos. ¿Cómo? Ubicándolo de forma deliberada en aquellos lugares que frecuentas más a menudo para que te los encuentres en tu campo de visión con mayor frecuencia. Y el antimarketing consiste justo en lo contrario. Adivina qué sucede si ocultas de tu campo de visión aquellos objetos que te perjudican, ya sea porque no te interesa que te distraigan, porque no te interesa que los consumas o simplemente porque la presencia de los malos robe protagonismo a los buenos: efectivamente los acabarás ignorando más y te acabarán dañando menos.

Veamos cómo funciona en la práctica.

Supongamos que queremos adelgazar. ¿Qué deberíamos hacer con nuestro frigorífico y con nuestra despensa? Lo mismo que hace el supermercado con sus estanterías. Coloca a la altura del ojo el automarketing, esto es, los productos más sanos, ya que forman el grupo de lo que te encontrarás un número de veces mayor. Y haz lo contrario para practicar el antimarketing. Si quieres hacer un antimarketing ligero, coloca el chocolate en el estante de abajo del todo, de manera que te tengas que agachar para verlo y alcanzarlo. Si te atreves con uno medio, inserta la tableta en una bolsa de plástico, luego dentro de una jarra con agua y congela ambos. El hecho de que tengas que esperar a que

145

se descongele el agua para comer la tableta será el mejor antimarketing. Y si tienes la valentía de hacer un antimarketing agresivo, directamente no compres chocolate.

Lo que no se ve, no tienta.

¿Quieres practicar lo que has aprendido en clases de saxofón y te falta disciplina para ensayar? Hazte con el instrumento y compra un pie de saxo para poder situarlo en el mismo centro de la salita de estar de tu casa. Que te choques con él hará que lo toques más veces. ¿Quieres leer más? Deja el libro encima de tu almohada boca abajo abierto por la página actual. ¿Quieres usar menos el ordenador? Cierra sesión para que la próxima vez tengas que esperar a que arranque. ¿Es un portátil? Guárdalo cada vez en su caja o en un cajón. ¿Quieres ir más al gimnasio? Prepara ya la bolsa y déjala en el pasillo a fin de que no puedas evitar verla y plantearte ir, o mejor, ¡ponte ya las zapatillas! ¿Quieres cumplir tus objetivos de este año? No los anotes en una hoja, sino en muchas y empapela tu casa con ellas. ¿Quieres comer de forma más sana? Ten zanahorias peladas en el primer estante de la nevera. ¿Quieres beber más agua e ingerir menos azúcar? Ten el agua cerca y los refrescos lejos. ¿Quieres dejar de fumar? Oblígate a guardar la cajetilla en el punto más recóndito de la casa y el encendedor en el punto opuesto.

Reconoce que el ser humano no es fuerte, sino débil, pero que

#LaInteligenciadelÉxito
siempre es posible superar la debilidad del ojo con el ingenio de la mente.
@Anxo

Véndele a tu ojo lo que quieres que compre.

Usa el automarketing para subir y el antimarketing para no bajar.

39. EL DÍA-N

Todos lo hemos vivido. Te levantas por la mañana y salir de la cama es un calvario. Tienes que ponerte en marcha, pero sólo quieres quedarte quieto. Debes realizar una importante tarea, pero no tienes motivación. Tienes que buscar trabajo o asistir a una reunión, pero te ves sin fuerzas.

> —*¿Qué me pasa? ¿Estoy deprimido?*
> —*No. Tan sólo estás teniendo un Día Negro.*

Los días-N son completamente normales y más frecuentes de lo que te puedas imaginar. Todo el mundo los sufre.

> —*Disculpa, ¿y todos mis amigos del Facebook que parecen tener vidas perfectas, también?*
> —*Sí. Ellos también. A veces los que más.*

Hay una cosa que convierte a los días-N en abominables, pero la culpa no la tienen esos días, sino el que los observa, o sea, tú. Tanto tú, como yo, como el resto de los mortales tendemos a generalizar en torno a lo que tenemos delante. Si delante de nuestros ojos observamos oscuridad, concluimos que nuestra vida es oscura. Si delante de nuestros ojos vemos claridad, concluimos que nuestra vida es clara. Esto explica que, como resultado de nuestra propia miopía, los días-N nos volvamos negativos y concluyamos que nuestra vida es toda negra. Pero eso es un error garrafal.

#LaInteligenciadelÉxito
No hay una sola noche en la historia a la que no haya sucedido el día.
Ningún problema es eterno.
@Anxo

Te voy a contar cuatro características y tres símiles sobre los días-N.

Las características:

—Siempre son temporales.

—Siempre son peores de cerca que de lejos.

—Siempre duran menos de lo esperado.

—Siempre parecen insuperables mientras se atraviesan y nimiedades cuando ya han sido atravesados.

Y los símiles:

Los días-N son como los cubitos de hielo. Cuando llegan son fríos, duros y pesados, pero al poco tiempo se vuelven menos gélidos, más blandos y más ligeros.

Son como las tormentas. Podrán durar más o durar menos, pero todas las que han tenido lugar en la historia, sin excepción, se han sometido a esta regla: al igual que un día llegan... otro día se van.

Son como los yogures. Todos vienen con una fecha de caducidad.

El saber que algo que parece terrible no lo es, y que algo que parece permanente es temporal es el objetivo de este Peldaño. Entender esto hace que ese gigante contra el que hay que enfrentarse ya no sea tan grande. La clave está en la anticipación, en saber que el día-N llegará más tarde o más temprano, y que ser conocedor de su llegada no evita que llegue, pero sí reduce su fuerza y aumenta la tuya.

Los días-N tienen una ventaja por encima de todas: igual que cuando sumerges una pelota lo que sigue sólo puede ser su ascenso, cuando tú tocas fondo lo que sigue sólo puede ser tu subida. Si la vida se compone de vaivenes y ahora has tocado fondo, desde el fondo sólo se puede ascender.

Si hoy has tenido un día el doble de malo que ayer, alégrate. Es pura estadística que mañana lo tengas el doble de bueno que hoy.

---

40. LA RECETA PARA LOS DÍAS NEGROS

Si existiera un examen de certificación como experto en días negros, yo estaría dispuesto a presentarme. Llevo tanto tiempo analizándolos que tengo la sensación de que podría aprobarlo sin estudiar el temario. Al menos en mi caso, llegan casi con la puntualidad de un reloj suizo. Una vez todos los meses. Y analizarlos en detalle me ha permitido aprender a gestionarlos. Esta es la receta con las medicinas para superarlos.

Medicina uno. Cuando atravieses un Día Negro, te sentirás como un león que ruge, patalea, se queja del estado en el que está y que incluso querrá mandar toda su vida al garete. Ese día, recupera este Peldaño, léelo varias veces y tómalo como un tranquilizante a inyectar a ese león para convertirlo en gatito. ¿Por qué? Porque el león representa la furia. El gato, la tranquilidad. Y en días así, tu medicina es lo segundo.

Medicina dos. Contén tu deseo de hacer algo drástico para poner fin a tu situación y simplemente ho hagas NADA. Este es el único punto del libro en que no hacer nada es más inteligente que hacer algo. No hacer nada en un día así es complicado, ya que, cuando estás desesperado, lo que más quieres es «acción», y según cómo de negro sea el día-N, se apropiará de ti el deseo de tomar decisiones sobre tu vida, tu futuro e incluso tu presente y ponerle solución. Combate ese impulso, y pase lo que pase, no saques conclusiones de nada. Sacarlas en un día-N es como sacarlas cuando se está ebrio. Tu capacidad de discernimiento está temporalmente perjudicada. Sé consciente de ello a fin de posponer el tomar decisiones para después de tu resaca.

Medicina tres. Llénate de aceptación.

#LaInteligenciadelÉxito
Lo que se necesita para atravesar un bache no siempre es prisa
por eliminarlo sino paciencia para aceptarlo.
@Anxo

—¡No me lo puedo creer! ¡Acaba de empezar a llover! ¡Qué rabia!
—Tengo una solución.
—¿Cuál?
—Da un paso al frente.
—¿Te has vuelto loco?
—Da un paso al frente.
—Pero ¡no tengo paraguas!
—Da un paso al frente.
—¡Me voy a empapar!
—Hazlo.
—Me estoy mojando.
—Da otro.
—Esto es ridículo.
—Da otro.
—¿Por qué me pides esto?
—Porque acabas de resolver tu problema.
—¿...?
—La lluvia sólo afecta al que no está mojado. Y ese no es tu caso.

A nuestro amigo podrán caerle mil gotas de camino a casa y ni una sola podrá empeorar su situación, dado que ya está empapado. La lluvia se ha quedado sin fuerza. Ese es el poder de la aceptación como remedio para la desesperación. Aceptas el problema y el problema pierde su poder.

Dar puñetazos a las gotas de lluvia no hace que deje de llover. Si quieres que pierda su fuerza, simplemente acéptala.

---

41. GIMNASIODELFUTURO.COM

Regina lleva varios días con la mosca detrás de la oreja por causa de un nuevo producto cuya publicidad ella se encuentra por todas partes. Enciende el televisor y ahí están sus anuncios. De camino al trabajo lee sus vallas publicitarias a ambos lados de la carretera. Y cuando entra en internet parece como si banners parpadeantes copasen todas las páginas web que ella consulta. Le pica la curiosidad y finalmente decide buscar información y ver uno de sus vídeos promocionales:

«Llega GimnasioDelFuturo.com. El concepto más revolucionario de la historia del ejercicio. GimnasioDelFuturo.com. ¡Hacemos tu ejercicio por ti! Tú te quedas en tu sofá y lo único que tienes que hacer es entrar en GimnasioDelFuturo.com, elegir uno de nuestros esculturales monitores, seleccionar el tipo de ejercicio y voilà. Él o ella hará el ejercicio por ti mientras tú te quedas tranquilo en tu sofá comiendo patatas fritas y presenciando a través de una videoconferencia cómo lo hace. Hacer deporte nunca ha sido tan fácil. Millones de personas de todo el mundo se han apuntado a este revolucionario modo de hacer ejercicio. ¡Nosotros levantamos tus pesas mientras tú observas!».

¿Se cree ella un anuncio así?

Hay un motivo por el que ni Regina se lo cree ni tú tampoco.

Es que si alguien levanta tus pesas por ti, el que se fortalece es él y no tú. ¿Por qué? Porque...

La resistencia produce crecimiento.

Ahora, la pregunta es: si en el gimnasio el 100 % de las personas que se inscriben quiere encontrarse una resistencia porque sabe que sólo así podrán tener éxito con sus objetivos de musculación, ¿por qué el resto del tiempo queremos evitar esa resistencia y aun así obtener éxito en la vida?

El objetivo de este Peldaño es conseguir que tengas la misma actitud con los baches de la vida que con las pesas del gimnasio. Igual que en el gimnasio no sólo eres tú quien busca enfrentarse a esas pesas, sino que hasta pagas por ello porque sabes que si hay resistencia hay desarrollo, cuando te encuentres con una adversidad en la vida, emplea el mismo amor propio para ser tú quien acepte enfrentarse a ella, ya que si el que la atraviesa eres tú, el que crece gracias a ella, también.

Deja de ver los obstáculos como obstáculos y empieza a verlos como oportunidades de crecimiento.

Si haces esto, sucederán dos cosas. La primera es que invertirás el papel de las adversidades en tu vida. Si antes las veías como una losa que tan sólo nutría un pozo de desaprovechamiento, ahora las verás como unas mancuernas de gimnasio que alimentan tu pozo de crecimiento. La segunda es que invertirás asimismo la actitud de tu mente, repercutiendo con ello sobre tu propia inteligencia del éxito. Si antes un revés era motivo de desánimo, ahora lo es de desarrollo y por tanto de ilusión.

#LaInteligenciadelÉxito
El tesón no se mide por cómo nos comportamos cuando hace sol, sino por cómo actuamos en la tormenta.
@Anxo

La gente con mayor inteligencia para el éxito son inversores de situaciones. Toman una situación negativa y le dan la vuelta: las situaciones desfavorables las invierten para convertirlas en favorables, las amargas para convertirlas en el azúcar con el que endulzar los triunfos futuros, los reveses para convertirlos en preparación para la siguiente batalla, las adversidades en instructores y los obstáculos en gimnasios.

Convierte la frustración de hacer lo que detestas en motivación para impulsar lo que amas.

---

42. TAN SÓLO UN VASO

Hace tiempo que decidí aprender a tocar la batería. Es un instrumento dificilísimo y que, al menos a mí, me sigue costando un trabajo enorme. Cuando la gente me pregunta cuántos instrumentos toco, respondo que nueve. Mi respuesta es correcta, pero la pregunta no tanto. Si vamos a ser puristas, lo correcto no sería preguntar cuántos tocas, sino cómo de bien tocas cada uno. La primera pregunta podría elevar mi ego (no lo permito), pero la segunda eleva mi humildad, ya que pondría de manifiesto no sólo que no tengo la misma destreza en los nueve, sino que, de hecho, la batería es el que manejo con mayor dificultad.

¿Te acuerdas de los «Momentos-Atrévete» y de que todo éxito parte de uno?

Mi Momento-Atrévete con la batería tuvo lugar en 2015 durante la presentación de *Los 88 Peldaños del Éxito Musicales*, complemento de *Los 88 Peldaños del Éxito* (con Peldaños ilustrados y canciones que compuse para acompañarlos). Dicha presentación consistió en un concierto en Callao, en Madrid, en el que, fiel a mi lema vital «El enemigo de la vida no es la muerte, es el desaprovechamiento», me atreví a tocar los nueve, lo cual, obviamen-

157

te incluía la batería. De los nueve, me preocupaba más este último que los ocho restantes.

¿Cómo salió?

Depende.

Cualquier baterista diría que fatal. Cualquier no experto diría que genial. Por suerte para mí, el 99 % del público se encontraba en el segundo grupo, pero lo cierto es que si quieres superarte en una destreza, no puedes contentarte con la opinión de los que conforman el grupo del 99 % que en esa área saben muy poco, sino del 1 % que en esa área sabe muchísimo, y como resultado de esta conclusión, mi mente era consciente de que salí del paso, pero... me quedaba mucho camino por recorrer. Tenía que invertir en disciplina y ponerme a practicar.

Sin embargo, superada la prueba, mi motivación para ensayar decreció, las semanas sin hacerlo se convirtieron en meses y a medida que aumentaba el tiempo también lo hacía mi incapacidad para centrarme en mi reto y superar mi pereza.

Aquel pequeño desafío que antes veía como una poza ahora lo percibía como un océano. Y percibir algo como un océano es sinónimo de concebirlo como prácticamente insuperable.

¿Alguna vez te has visto en una situación así? Si actualmente te encuentras en ella o si te sucede en el futuro, tan sólo ten presente este Peldaño y, sobre todo, la solución que te voy a dar ahora.

Cuando sientas que tienes que beberte un océano... tan sólo TÓMATE UN VASO.

Sí. Tan sólo uno. Ni más ni menos.

Ese vaso será más importante que el resto del océano. ¿Por qué? Porque ese vaso tiene poder; el poder del desatascamiento. El poder de quitarte el miedo a empezar.

El día que este Peldaño me regaló el sartenazo en la cabeza y me permitió entender su valor (lo que los estadounidenses llaman una «*wake-up call*») fue el mismo en el que puse fin a la sequía. Esto fue lo que sucedió.

Era un martes. No sólo era un día de trabajo, sino que lo era de mucho trabajo. En la oficina me esperaban importantes temas y numerosas reuniones. Que hubiera temas importantes era habitual. Que fueran tantos, no. No suelo ir de traje, pero las reuniones de ese día lo requerían. Tomé mi maletín, llevé a cabo mi ritual cotidiano de comprobar que portaba mis llaves, mi auricular y mi móvil y agarré la manilla de la puerta con una única misión en mente: girarla y llegar a la oficina con la mayor celeridad. De repente di media vuelta y lancé una mirada penetrante a la batería, aquella a la que tenía cierto odio por haberse convertido en un océano y por tener la osadía de recordarme a diario mi fracaso con la autodisciplina. Tras unos segundos, mi mirada se convirtió en sonrisa. Durante esos segundos mi mente no sólo se había dado a sí misma una respuesta inusual, sino que, lo que es más importante, esa respuesta poco común la dio como resultado de una pregunta que era aún menos común. La respuesta era sí. Y la pregunta, «¿y si pospones todo y tan sólo te tomas un vaso?».

En esos segundos mi diálogo interior no tuvo tiempo suficiente de realizar una reflexión en voz baja, pero si lo hubiera tenido, hubiera cobrado esta forma: «todos los días tienes la oportunidad de acudir a reuniones importantes, pero no todos tienes la oportunidad de desatascar un océano tomando un sólo vaso». Entender eso bastó para dejar mi maletín a un lado, sacarme descuidadamente la chaqueta y sin aflojar siquiera la corbata sentarme a la batería, agarrar las baquetas y sonreír mientras cabalgaba sobre una dócil mula que momentos antes era un feroz dinosaurio. Al día siguiente lamenté que alguien no hubiera estado allí para fotografiar un momento tan pintoresco: el jefe llegando tarde a la oficina a cambio de sentarse encorbatado en un taburete para dar golpes a una caja, un bombo y unos platillos a las 9.30 de la mañana, o al menos así lo hubiera descrito el fotógrafo. En mi mente no estaba haciendo todo eso, sino quitando el tapón al océano Atlántico.

Se trató tan sólo de seis o siete minutos, pero fueron los suficientes para llenar un solo vaso, el que contenía el poder, el que representaba la llave que desatascaría el océano.

Esa misma noche llegué a casa con ganas de más. Y sumando el número de veces que me senté a la batería los siete días siguientes, el total de sesiones superó las diez. ¿Cómo es posible? Porque montar en dinosaurio da miedo. Montar en mula, no.

#LaInteligenciadelÉxito
Ningún obstáculo es demasiado grande cuando los pasos
a dar son lo suficientemente pequeños.
@Anxo

43. NO QUEMES PAPEL. QUEMA TRONCOS

Cuando enciendes una hoguera con papel, este prende rápido y da llamas enseguida, pero al poco tiempo ya se ha convertido en cenizas. Cuando quemas un tronco, tarda mucho en prender, no produce llamas, y, sin embargo, pasado bastante tiempo, aún continúa dando calor.

¿Con cuál de los dos te identificas tú? ¿Eres papel o tronco?

Si te identificas más con el papel, eres el tipo de persona a la que no le cuesta ponerse en marcha, pero su ímpetu dura poco. Tienes facilidad para arrancar, pero también para abandonar. Si te identificas más con el tronco, entonces te cuesta arrancar, pero una vez lo haces eres el rey de la constancia. El Peldaño anterior se concentró exclusivamente en la energía para arrancar. Este lo hace en la energía para no abandonar. Si eres papel, entonces deberías tomarte una ración del Peldaño anterior y dos de este. El anterior te habrá dado la fuerza necesaria para ponerte en marcha, y una vez conseguido, el éxito ya no depende de iniciar la carrera, sino de mantenerse en ella, y para lograrlo antes debes «hacer el STOP». ¿Hacer un STOP para avanzar más? Así es. No hacerlo representa avanzar sin cabeza. Parar significa reflexionar ahora para no abandonar después.

El constante nunca deslumbra pero siempre vence.

La señal de STOP es octogonal, y cada uno de sus 8 lados representa una estaca con la que apuntalar tu tesón. Hacer el STOP consiste en detenerse, fijar en tu mente las 8 estacas y no emprender la ruta hacia tu objetivo hasta no haber reflexionado sobre cada una lo suficiente como para estar preparado para combatir la tentación de abandono.

Aquí van los 8 puntos de la SEÑAL DE STOP:

1. EL MOTIVO: cuanto mayor sea el motivo por el que deseas hacer algo, menores serán las posibilidades de abandono. Defínelo de forma clara y precisa. De él depende toda tu perseverancia.

Cuando el motivo sea fuerte, el caminar será constante.

---

2. LA MEMORIA: a veces el mayor problema no es no tener el objetivo claro, sino no tenerlo presente. Es necesario que bombardees tu cerebro con ese objetivo para tenerlo siempre en mente y mantenerlo siempre vivo. La mejor manera es anotarlo y llevarlo siempre encima.

3. EL COMPROMISO: igual que cuando montas un negocio tienes que comprometer una cantidad de dinero para ponerlo en marcha, cuando te lances a por un objetivo tienes que comprometer una cantidad de esfuerzo para conseguirlo. Sé consciente de ese esfuerzo y graba a fuego tu compromiso.

4. LA ANTICIPACIÓN: es mejor ser consciente de que estás a unos días de las primeras tentaciones de abandono que cruzar los dedos con la esperanza de que no lleguen. Llegar, llegarán, así que prepárate mentalmente para su llegada a fin de que no te tumben. Anticiparte te hace fuerte y no hacerlo te hace vulnerable.

> #LaInteligenciadelÉxito
> Si no has comprado paraguas cuando hacía sol,
> no te quejes del agua cuando haya lluvia.
> @Anxo

5. LA META: si anticiparte es el antídoto para antes de que lleguen las flaquezas, poner los ojos en la meta lo es para cuando estés en medio de ellas. La forma más sólida para luchar contra el deseo de abandono es reconociendo el valor de lo andado y visualizando la belleza de la meta.

6. EL SIGUIENTE PASO: convierte tu objetivo global en una escalera, a fin de dividir cada avance en escalones que te permitan dar sentido a cada paso. Cuando flaquees, no pienses en la escalera entera, sino tan sólo en el escalón siguiente, a fin de ver el valor de avanzar un solo paso más.

7. EL PREMIO: ten un regalo, por pequeño que sea, para cada paso dado. Hay muchas cosas que nos diferencian del resto del reino animal, pero esta no es una de ellas. Si el refuerzo positivo aumenta la motivación en los animales, la aumentará también en tu cerebro. Úsalo a tu favor.

8. LA FECHA: el modo más eficaz de preparar tu mente para un reto es dirigiéndola hacia el último día de ese reto. ¿Por

qué? Porque igual que tener una lupa te permite concentrar todo el calor en un único punto, tener una fecha te permite concentrar toda tu energía en un único día.

Hacer un STOP para garantizar tu avance no supone un retroceso. Supone el más inteligente de los impulsos.

---

44. ¿CUÁL ES SU PIE DERECHO?

¿**R**ecuerdas esa voz de la conciencia que aparecía en los dibujos animados de la televisión cuando éramos pequeños representada por un ángel bueno y un ángel malo, y cada cual que te hablaba al oído sentado en tu hombro?

Cuando te encuentres tranquilo por la vida, navegando por situaciones y encontrándote con otros navegantes, tu ángel malo contemplará cada situación como una oportunidad para arruinarte el día y para que veas la parte negativa de cada circunstancia y de cada persona. Su única misión es hacerte ver el lado negativo de cada encuentro o suceso. ¿Y sabes qué es lo único que necesita el ángel malo para no desistir en su cometido?

El silencio de tu ángel bueno.

**El silencio de los buenos es el que convierte
en gritos las palabras de los malos.**

Y es entonces cuando debes fortalecer a tu ángel bueno, pidiéndole que use esta frase como arma de réplica:

«Cierto. Esta persona tiene puntos negativos. Todos ellos forman su pie izquierdo. Pero ¿cuál es su pie derecho?».

Todos tenemos dos pies, y si el pie izquierdo representa todo lo malo, el pie derecho representa todo lo bueno (que me perdonen los zurdos, ya que el orden da exactamente igual). Defiendo que cada punto negativo que forma su izquierdo tiene su homólogo positivo en el pie derecho. Ese es el objetivo de este Peldaño: poner de manifiesto que por cada cosa que no te guste de alguien o algo, siempre existe una que te encantaría. Cada vez que tu ángel malo te lleve al pie izquierdo, formular la pregunta «¿cuál es su pie derecho?» automáticamente reconducirá tu mente de vuelta hacia lo positivo.

Habrá días en que querrás quejarte de tu trabajo porque el ambiente laboral no te apasione, querrás quejarte de tu pareja porque te dio una contestación que detestaste, querrás lamentarte de tu ciudad porque es demasiado fría o demasiado calurosa. Cuando suceda eso, sólo recuerda que el que habla no eres tú, sino tu ángel malo. Y al igual que sucede en un litigio ante un tribunal, si no refutas los argumentos de tu oponente, los haces más fuertes. Para que eso no suceda, es necesario que neutralices sus llamas con el mejor de los extintores: «¿Cuál es su pie derecho?».

Existe un efecto óptico muy común, que es ver como más grande aquello de lo que más se habla. Si esto es cierto, entonces hablar del pie izquierdo lo convertirá en mayor de lo que es. Lo bueno del principio es que igual que hablar de lo negativo engrandece lo malo, hablar de lo positivo engrandece lo bueno. ¿Y quién es el responsable de que te centres en lo positivo? Tu ángel bueno.

Controla tu diálogo interior y controlarás tu mente.

Hay dos tipos de personas en el mundo: los que critican y los que aplauden. Aquellos que critican son los que permiten que el ángel malo grite más. Los que aplauden son los que consiguen que grite menos. Fortalecer tu ángel bueno es fortalecer tu voz interior, tu lado positivo, tus posibilidades de crecimiento, tu paz mental y tu nivel de felicidad. Es reforzar tu inteligencia del éxito.

#LaInteligenciadelÉxito
La gente que hace grandes cosas, además aplaude.
La que no hace nada, además critica.
@Anxo

No seas parte del segundo grupo. Sólo pregúntate: «¿Cuál es su pie derecho?».

45. LA REUNIÓN MÁS PRODUCTIVA DEL MUNDO

Mi quinta y última titulación universitaria la cursé en Bélgica, en Bruselas. Fue en Relaciones Internacionales. Me imagino que el sueño de muchos de los universitarios que estudian relaciones internacionales es recibir una llamada de la ONU. A mí esa llamada me llegó incluso antes de acabar mis estudios, por lo que el día de la llamada, más que cara de felicidad se me quedó cara de tonto mientras me frotaba los ojos para darme cuenta del sueño tan grande que acababa de hacerse realidad en mi vida.

Llegué a la ONU con ganas de mejorar el mundo y convencido de que formaba parte de la máxima autoridad supranacional a nivel mundial, por lo que concluí que estaba ingresando en la organización perfecta. Lo primero es cuestionable, ya que la ONU está a las órdenes de los países que la financian y no al revés, y lo segundo directamente era un caso clínico de miopía aguda por mi parte. No, no estoy diciendo que perdí mi fe en el organismo. De hecho, yo era muy fan del papel tan importante que juega en el mundo las Naciones Unidas tanto antes de entrar a formar parte de ella como incluso después, por lo que sigo siendo fan y no detractor, pero hay una cosa que cambiaría por encima de todas: la eficiencia de las reuniones de los equipos que trabajan en su seno, o mejor dicho, la falta de ella.

Algunas de esas reuniones, al menos cuando yo trabajé allí, eran largas, aburridas, con un número de asistentes excesivo y tremendamente ineficientes. La gente, los directivos en realidad, suelen pensar que si en una reunión de dos horas se acaban desperdiciando 60 minutos, tampoco es tan grave, ya que, después de todo, sólo se trata de una hora, pero este planteamiento tiene un problema. Si se trata de una reunión con veinte personas, no se ha desperdiciado una hora, sino veinte, y si en lugar de desperdiciarse la mitad de la reunión se desperdicia la reunión entera, estaríamos hablando de 40 horas malgastadas; una semana de trabajo de un empleado. Y todo sólo por un problema de falta de organización.

Si tuviera que hacer una propuesta a la ONU, o a cualquier entidad, para que sus reuniones sean más eficaces (resultados) y más eficientes (velocidad), estas serían mis seis sugerencias.

Primera. Siempre debe haber un facilitador. Él es el encargado de asegurarse que se implementan los cinco puntos restantes.

Imaginemos que tú eres el facilitador y que debes organizar una reunión de trabajo de dos horas con 10 personas. El punto dos, el más rompedor, te dará una fórmula mágica para reducir una reunión de dos horas a la mitad y conseguir exactamente lo mismo.

Segunda. No tengas un único grupo de asistentes, sino tres, el A, el B, y el C. El grupo B incluye a todos los asistentes. El grupo A incluye sólo a una parte y el grupo C incluye a otra parte. En lugar de convocarlos a una reunión de dos horas, convócalos a una reunión de una, pero a horas distintas. El grupo A, a las 10. Y el grupo C, a las 10.30. Ahora viene lo interesante. Fíjate en lo que sucederá con el tiempo:

A las 10 h → Sólo grupo A.
A las 10.30 h → Todos.
A las 11 h → Sólo grupo C (porque A ya se habrá ido).

A las 10 se tratarán sólo los temas que afecten al grupo A, a las 10.30 los temas que afecten a todos, y a las 11 sólo los temas que afecten al grupo C. Tú, que eres el facilitador, no tendrás que invertir dos horas en la reunión, sino noventa minutos, y ellos, sólo sesenta, ya que con este formato el grupo A podrá irse a las 11 y el grupo C no tendrá que llegar hasta las 10.30.

¿Por qué las empresas no hacen esto? Porque para los organizadores es más fácil invitar a todos a las 10 que decidir quién debe formar cada grupo, ya que esto requiere pensar.

Tercera. NUNCA empieces una reunión sin un orden del día. Un orden del día es una lista de temas con un límite de tiempo para cada uno. Si no hay un número concreto de temas y un número concreto de minutos, adivina quién será el rey de la reunión: su mayor enemigo. La dispersión.

Cuarta. NUNCA empieces una reunión sin un contador de tiempo para cada intervención, y a ser posible que no sea un cronómetro, sino un temporizador de cuenta atrás. Que la gente sepa de cuántos minutos dispone y cuántos le quedan es importante por un motivo: es un repelente contra las divagaciones, o lo que es lo mismo, garantiza que se mantenga el FOCO en todo momento. Y tener foco equivale a obtener resultados.

Quinta. Cuando a un interviniente se le agote el tiempo que se le había concedido y este solicite más, hay una pregunta sutil pero eficaz que el facilitador debería formular: «¿cuántos minutos más necesitas?». Si de nuevo se queda sin tiempo, se le vuelve a formular la pregunta y otra vez se le concede el tiempo. Aunque pueda parecer que eso provocaría un abuso de solicitudes, realmente lo que provoca es un aumento de la conciencia de cuánto tiempo su intervención está tomando, y el resultado de que solicite un tiempo que en teoría no le corresponde hará que el participante reduzca su intervención.

Y sexta. Cuando se hayan tratado todos los temas, la gente se pondrá en pie y se dispondrá a retirarse. Ese es el momento más crucial. Es entonces cuando el facilitador, tú, deberás poner los brazos en alto y decir: «¡Stop!», para luego impedir que nadie se marche hasta que no se haya dado respuesta a las tres preguntas más importantes.

Estas preguntas son:

1) ¿Qué conclusiones sacamos de esta reunión?
2) ¿Cuál es el siguiente paso (o pasos)?
3) ¿Cuándo y quién se encargará de darlo?

Nadie debería moverse hasta que no se haya dado respuesta a esas tres preguntas. De hecho son más importantes ellas que el resto de la reunión.

Cuando 8Belts empezó a despegar, yo pasé de estar encerrado en mi casa creando la metodología a estar sentado con empresarios sobre los que meses antes leía en la prensa económica. Y no es de extrañar que yo creyese que, por el mero hecho de estar arriba, su forma de conducir las reuniones sería la más eficiente del mundo.

Me equivoqué.

No sólo no era la más eficiente, sino que era mucho menos eficiente que la manera en la que nosotros, una empresa diminuta que acababa de nacer, llevábamos a cabo las nuestras.

#LaInteligenciadelÉxito
Lo contrario de hacer las cosas del modo más inteligente
es hacerlas del modo más habitual.
@Anxo

El bagaje que obtuve de todas estas experiencias que fui acumulando me permitió extraer varias conclusiones al respecto de la eficacia en el trabajo. La primera es que las empresas grandes no son excelentes por el mero hecho de ser grandes. La segunda es que las empresas pequeñas por supuesto que pueden aprender mucho de las grandes, pero si las primeras hacen algo bien que las segundas hacen mal, entonces las grandes también pueden aprender de las pequeñas. La tercera es que un poco de foco produce enormes resultados. Y la cuarta es que da igual lo pequeño que seas. Si decides que la excelencia y la eficiencia son una prioridad y pones foco en ello, estarás consiguiendo algo que el 90 % de las empresas no consigue.

Toma caminos que otros no toman y obtendrás resultados que otros no obtienen.

---

46. ¿CORAZÓN O CABEZA?

Una vez trabajé con un director de cine que dirigió y produjo un documental sobre los nazis y el Holocausto. Me contó la historia del rodaje y que, llegado a un punto de este, decidió contratar un helicóptero con su respectivo piloto durante varios días para grabar unas tomas de unos campos de concentración desde el aire. Sólo esas tomas le costaron tanto dinero como la producción del resto de la película. Estaba entusiasmado con ellas, tanto antes, como durante, como después de rodarlas. Pero hubo un problema. Cuando estaba en la fase de posproducción se dio cuenta de que las tomas no mejoraban la película. Su cerebro izquierdo le decía: «Si no la mejoran, retíralas». Su cerebro derecho rebatía: «Sí, pero me costaron tanto trabajo y dinero que tirarlas me daría demasiada pena».

Este dilema le sucede a todos los directores de cine. Siempre. Y ¿cuáles acaban siendo las mejores películas? Aquellas en las que el director escuchó al cerebro izquierdo (la parte racional) y tuvo la disciplina de extirpar de forma despiadada todo aquello que no mejora el filme... por mucha pena que le diera.

La vida es como una película.
Cada escena que no aporta, resta.

Pensar en todo lo que te costó grabarlo es pensar con el corazón. Pensar en todo lo que aporta a la película es pensar con la cabeza.

Hay mil áreas en la vida donde decidir con el corazón es lo más correcto del mundo. Sin embargo, en todo aquello que tenga que ver con decisiones de estrategia, asegúrate de que, aunque escuches al corazón, la que decida sea la cabeza.

La función de este Peldaño es la de aplicar la inteligencia del éxito para convertir tu mente en tu espada, a fin de marcarte un objetivo, una meta o una misión y enfilarte de cara a ella como un láser, con una fijación mental que combata todos los sentimentalismos que, en lugar de acercarte a tu objetivo, te alejen de él. Cada vez que no eliminas unas imágenes de helicóptero que no suman, que no despides a una persona de tu empresa a la que tienes cariño pero que ha dejado de contribuir al proyecto o que tomas cualquier decisión por pena, lo que estás haciendo es centrarte en aquello que cuesta mucho pero suma poco. Entrenar la disciplina para tomar no la decisión más fácil, sino la más correcta es mejorar tu inteligencia del éxito.

Yo, que he tenido que despedir gente en numerosas ocasiones, puedo constatar lo duro que es hacerlo. Diría que es la parte más dolorosa de tener una empresa. Y, de hecho, no conozco a ningún emprendedor que no lo pase mal cada vez que tiene que enfrentarse a esa situación. Nadie quiere echar a un trabajador, y menos cuando te has encariñado con él o ella. Pero el trabajo de un CEO o de un directivo siempre es tomar la decisión más responsable para la empresa y proteger la viabilidad del barco, ya que poner en riesgo el barco es poner en riesgo a todas las familias que comen de él.

**Decidir por pena es decidir con debilidad.
Decidir por criterio es decidir con inteligencia.**

Elegir con el corazón es elegir con la parte menos racional, con la que te beneficia a ti y además sólo en el corto plazo. Elegir con la cabeza es perder tú en beneficio de una causa mayor que tú.

Te voy a dar un argumento que te dará la fuerza para tomar una decisión tan dura como la de prescindir de un trabajador. Si eres empleador, úsalo para que no te tiemble el pulso a la hora de hacerlo (siempre y cuando estés seguro de que es lo correcto). Si eres empleado, úsalo para comprender al que te despide, o mejor aún, para trabajar duro para evitar que lo haga:

«Cada vez que das trabajo a alguien que no lo merece, se lo estás negando a alguien que podría merecerlo mucho más».

#LaInteligenciadelÉxito
Tomar los caminos más fáciles es obtener los resultados más débiles.
@Anxo

47. HOY VA A SER DIFERENTE

Este Peldaño requiere que hagas dos cosas. La primera es que des vida a una idea. Esta:

¿Cómo sería tu día perfecto?

Imagínalo, suéñalo, dale vida y color en tu mente.

¿Te levantarías a una hora diferente que de costumbre?

¿Tratarías mejor a la gente?

¿Sonreirías con mucha más frecuencia de lo que lo haces habitualmente?

¿Serías más productivo en el trabajo?

¿Aprenderías más?

¿Comerías más sano?

¿Beberías más agua?

¿Harías más ejercicio?

¿Dedicarías más tiempo a un hobby?

¿Harías algo diferente con la gente que quieres?

¿Dedicarías más tiempo a esa gente?

¿Sorprenderías a un ser querido?

¿Leerías más?

Si la respuesta a esas preguntas es sí, me estás diciendo dos cosas: que ese día perfecto existe, y además que es posible.

La felicidad está a una decisión de distancia.

Esa decisión es la de hacer algo diferente para llegar a un resultado distinto. Es variar el curso para embellecer el camino. Es gritar que no quieres que mañana acabe siendo igual que ayer, por pequeña que sea la mejora. Si no alcanzas a implementar todos los componentes que formarían el día perfecto, al menos comprométete, sí o sí, con uno que te dé el poder de hacer no que cuenten los días, sino que los días cuenten.

Mejor un año de intensidad que veinte de monotonía.

Al principio dije que este Peldaño requiere que hagas dos cosas. La primera ya la he descrito. Era soñarlo.

Toca la segunda.

Ahora que lo has soñado, conviértelo en realidad.

#LaInteligenciadelÉxito
Si quieres vivir dos vidas, vive la que tienes con el doble de intensidad.
@Anxo

Sólo necesitas que tu mente lo piense y tu boca lo grite:
¡HOY VA A SER DIFERENTE!

LA INTELIGENCIA DEL ÉXITO

¿Listo para la sorpresa?

Si decir eso te lleva dos segundos, entonces podemos concluir que estás a dos segundos de aumentar tu felicidad.

Tictac.

Ya.

48. CONVIÉRTELO EN UN POSTRE

¿**R**ecuerdas cuando de niño llegabas a casa y preguntabas qué había para comer? ¿Recuerdas la comida que más detestabas? La mía era las judías verdes. El mero hecho de oír su nombre me provocaba un nudo en el estómago y hacía que desapareciera mi apetito. ¿Y recuerdas lo que preguntábamos después con cara de esperanza?

—¿Y qué hay de postre?

La respuesta a esta segunda pregunta era nuestro consuelo para cuando la primera iba mal. ¿Cuál era el problema? Que nuestros padres no nos dejaban comer el postre sin antes comer la verdura. Qué mal, ¿no?

Bueno, a lo mejor no tanto.

En realidad tenía un punto genial.

Es más fácil digerir algo que detestas cuando sabes que tras ello te espera algo que adoras.

El postre actúa como un motivador, y automáticamente hace que el plato que aborreces sea más llevadero. Esa es la ventaja de este Peldaño. En esto consiste.

Cada vez que estés a punto de realizar algo que te encante, sé consciente de que eso tiene un valor motivacional y... ¡Empléalo! Considéralo una píldora de motivación y no la desperdicies. Conviértela en un postre. ¿Cómo? Tomando esa tarea que te gusta más y ligándola a otra que te guste menos. Una vez las tengas identificadas, sólo tienes que realizar este compromiso contigo mismo: «llevaré a cabo la tarea que me gusta más, esto es, el postre, SÓLO CUANDO HAYA TERMINADO aquella que me gusta menos, esto es, las verduras».

¿Quieres tomarte un descanso para un café en el trabajo? Perfecto. Hazlo en cuanto acabes ese informe que tanta pereza te da. ¿Quieres sumarte a un partido de fútbol con tus compañeros? Perfecto. Ya tienes la motivación para recoger primero un poco la casa. ¿Quieres darte un capricho con un helado esta noche? Perfecto. Hoy ya no te costará ir al gimnasio.

Te aseguro que, desde que la vida me regaló este Peldaño, no ha habido un solo día en que no lo haya usado. Gracias a él he engañado a mi mente para superar más veces la pereza, trabajar con mayor disciplina, y estirar más mis fuerzas.

#LaInteligenciadelÉxito
Si ves que un mini-premio aumenta tu motivación, entonces no tengas uno.
Ten un millón.
@Anxo

49. LA CADENA DE REACCIÓN

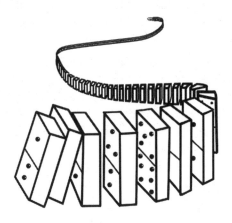

Todo lo que sucede en la vida de las personas es el resultado de una cadena de reacción. Podrías consultar a cualquier persona y preguntarle cómo ha llegado al punto en el que está hoy y, si ese punto es el último de una ruta con diez pasos, todos podrían contarte cómo llegaron al paso diez, cómo este fue provocado por el paso nueve, este por el ocho y así sucesivamente hasta el paso uno. Lo curioso de esto es que si le hubieras preguntado en el paso uno cuál sería el cuarto o en el cuarto cuál sería el octavo, no hubiera podido responderte, ya que las cadenas de reacción sólo son explicables de delante hacia atrás, pero no de atrás hacia delante. ¿Qué significa esto? Que dado que el punto final de la secuencia es impredecible, no debes preocuparte por el desenlace final, sino sólo por el paso siguiente.

El éxito es un dominó. Sólo preocúpate por tu próxima acción y esta será la ficha que empujará las sucesivas.

Esto que te acabo de explicar es la fórmula que elimina el vértigo. Imagina que quieres montar un negocio creando tu propia línea de moda. Estás sentado en el sofá de tu casa dando vueltas a la idea y tu mente empieza a pensar en todos los pasos que tendrás que dar para ponerla en marcha y en todas las batallas que tendrás que lidiar para conseguirlo. Al imaginar todo ese trabajo junto, te sobrecogerá una sensación de agobio y te atenazará el vértigo. Te parecerá una montaña demasiado alta y difícil de escalar, pero eso es el resultado de pensar en el paso diez de tu ruta cuando todavía estás en el uno y preocuparte por el hecho de no saber cómo llegar hasta él. Lo que te propone este Peldaño es que pongas en marcha una cadena de reacción y dejar que sea ella la que provoque el éxito.

Equiparemos una cadena de reacción a una ruta del tesoro con diez pasos y diez pistas. Entender que una cadena de reacción es como una ruta del tesoro es entender que tu función es tan sólo provocar el paso uno, ya que este contendrá la pista para el paso dos y el paso dos la del tres. Es decir, la mejor manera de alcanzar el paso final es tan sólo centrándose en el paso siguiente, ya que él se encargará de darte tu próxima pista.

En nuestro ejemplo de la línea de ropa, el paso uno podría ser simplemente asistir a una feria de marcas de moda. Allí conoces a unos emprendedores que te cuentan que ellos se pusieron en marcha hablando con unos diseñadores. Te pasan su contacto y eso se convierte en la pista para el siguiente paso. Los llamas y te hacen unas propuestas de diseño con las ideas que tú tienes en la cabeza. Acabas de dar el paso dos. Te ponen en contacto con una fábrica para producir un par de prendas basándose en esos diseños. Pista para el tres. Entras en contacto con ellos, empezáis a colaborar, y ellos a su vez te proporcionan la pista para el siguiente paso. Eso es una cadena de reacción.

Mientras des algún paso, el que sea, la cadena se mantendrá viva. Sólo corre peligro en un caso: no hacer nada. Si el paso que no das es el primero, la cadena no arranca. Si el que no das es uno de los sucesivos, la cadena se detiene. ¿Conclusión?

**Da igual lo que hagas, pero haz.
No existe un solo éxito que no partiera
de una sola acción.**

¿Va a ser todo perfecto en línea recta y sin errores? Por supuesto que no. Habrá subidas, bajadas, avances y retrocesos. Será un camino de altibajos, pero cuando lleguen, ten presente este principio:

#LaInteligenciadelÉxito
Mejor hacer y corregir, que no hacer.
@Anxo

El lugar más peligroso para una cadena de reacción es el sofá de tu casa. ¿Por qué? Porque es el único lugar donde nada sucede. Sal fuera y atrévete.

**Los que mueven el mundo saltan primero y luego
encuentran el agua. Los que no lo mueven no saltan
ni aunque haya un océano.**

50. ¿IMPRO-SIBLE O IMPO-VABLE?

Era mi primer año de universidad en Estados Unidos. Había conseguido que mis padres respetasen mi decisión de pagarme mis propios estudios y estaba feliz con lo que estaba estudiando. El tema era que en Estados Unidos los costes de la matrícula universitaria son enormes en comparación con España y yo no tenía dinero. Tenía que trabajar como fuera y además me moría por hacerlo, pero el verdadero problema era que no contaba con un permiso de trabajo, dado que tenía visado de estudiante. Hablé con un alumno extranjero que ya estaba en su último año de carrera y había intentado conseguir ese permiso varias veces. Me dijo que me olvidase de esa opción. Que era IMPOSIBLE. Que él lo había intentado de mil maneras, pero que un visado de estudiante no da derecho a trabajar. Hablé con otro universitario en mi misma situación y luego otro y otro. Todos me dijeron lo mismo. IMPOSIBLE. Me dirigí, ya desesperado, a la coordinadora de alumnos internacionales de mi universidad. Nada. «Es IMPOSIBLE y va a ser mejor que aceptes la realidad y no pierdas más ni tu tiempo, ni el mío» me dijo. Yo renuncié a aceptar esa realidad. ¿Por qué? Porque...

la realidad que vemos no es toda la realidad, sino tan sólo una parte.

Con tan sólo dieciocho años empecé a investigar por mi cuenta en libros de leyes y me puse a buscar en el código de derecho inmigratorio estadounidense algún tecnicismo que se convirtiera en mi esperanza. Pero cuanto más buscaba, menos parecía encontrar. Parecía que iba a tener que darles la razón. Lo que yo estaba intentando conseguir efectivamente era IMPOSIBLE...

... pero sólo hasta el día que deja de serlo.

#LaInteligenciadelÉxito
En el momento en que crees que algo es imposible,
ya has dado el primer paso para que lo sea.
@Anxo

Leí la frase. La volví a leer. Me froté los ojos y me dije: todavía no hay sol, pero al menos ya ha dejado de llover. Lo que me había encontrado era una estipulación en el código inmigratorio que decía que si eres un ciudadano extranjero con visado de estudiante y puedes demostrar que tu situación económica ha empeorado en el presente con respecto al día de tu llegada al país, el departamento de inmigración, en algunos casos podría concederte un visado de trabajo. Todavía no sabía cómo iba a demostrar algo así, pero desde luego ya todo parecía menos imposible que antes. Le di vueltas al tema, investigué, pensé, luego le di más vueltas, y por fin di con una posible solución. Tras consultar la prensa económica, vi que el euro había perdido gran parte de su valor desde mi llegada a Estados Unidos, y si mi moneda se había depreciado, entonces mi economía también. Tomé dos recortes de periódico que reflejaban el tipo de cambio, uno con fecha actual y otro con una fecha cercana al día de mi llegada. La depreciación del euro con respecto al dólar había sido del 22 %. Presenté unas pequeñas cuentas matemáticas en las que explicaba cómo eso había afectado mi economía personal y que toda mi vida se había encarecido un 22 %, incluidas las tasas universitarias. Mandé la carta, las explicaciones, los recortes y crucé los dedos. Tardaron en contestarme, pero unos meses más tarde tenía mi valiosísimo permiso de trabajo. Gracias a ese permiso desempeñé todo tipo de trabajos, y gracias a ellos, pude costearme todos los gastos de mi formación.

No confundas como «imposible» lo que tan sólo era «improbable».

Cierro con esta conversación entre un anciano y un niño que resume la esencia de este Peldaño.

Anciano: Eso que estás intentando hacer es imposible.
Niño: Mire a su alrededor. Hubo un día en que todo lo que ve también lo fue.

51. EL AJEDREZ DE LA DISCIPLINA Y LA PEREZA

La vida es una serie de partidas de ajedrez entre la disciplina y la pereza. La disciplina son las piezas blancas y la pereza las negras (si lo prefieres, invierte los colores). Cada vez que la disciplina vence, las blancas suman un punto y cada vez que lo hace la pereza, lo suman las negras. Al final de nuestros días en la Tierra, nuestro marcador de partidas de ajedrez contará con un preciso cómputo con una cifra de victorias blancas y victorias negras. Nadie conocerá ese cómputo, pero el hecho de que nadie lo llegue a conocer no es sinónimo de que no exista. El cómputo existe, y que el número de victorias sea mayor o menor que el de derrotas es de vital importancia. ¿Por qué?

Aquí viene el primer punto importante.

Porque existe una férrea correlación entre la disciplina y el éxito, por un lado, y entre la pereza y el fracaso, por otro. En las partidas de ajedrez de las personas con mayor éxito, la ganadora suele ser la disciplina, mientras que en las partidas de aquellos cuyo éxito es menor, la que sale victoriosa es la pereza.

**Entrenar la disciplina para el crecimiento
es como introducir aire en un globo. El día que dejas
de soplar, dejas de crecer.**

Si esto es así, entonces un componente muy importante del entrenamiento para el éxito está en el entrenamiento de la disciplina.

Muchos pensarán que llevar a cabo tareas enormes requiere de una disciplina enorme, que esté a la altura de esas grandes hazañas. Pero para ellos tengo una sorpresa de esas de «veteponiendolasonrisa».

Esta te va a gustar.

¿Listo para el segundo punto importante?

La disciplina que requiere ponerse en marcha con la mayor de las hazañas y la que requiere superar la menor de las perezas...

¡Es exactamente la misma!

Requiere el mismo esfuerzo dar un paso para un viaje de mil millas como para un viaje de cincuenta, ya que un paso es un paso en ambos casos. Cuando te lleva 5 horas ganar una partida de ajedrez, el número de puntos que obtienes no es mayor que el de una que te lleva 5 minutos, sino exactamente el mismo. Ambas cuentan como una victoria tanto si la partida ha sido larga como si ha sido corta. Lo mismo sucede con tareas que te llevan 5 minutos y tareas que te llevan 5 horas. El que consigue superar la pereza y ponerse manos a la obra con una tarea de 5 minutos es el mismo que consigue encontrar la disciplina para ponerse con una de 5 horas. Lo que varía es el esfuerzo para completarla, pero no la disciplina para abordarla.

Si te da pereza levantarte del sofá y acercarte a la cocina a buscar un vaso de agua, probablemente te dé la misma pereza encontrar trabajo o emprender un proyecto, pero lo bueno es que ejercitarla con el vaso es ejercitarla para el trabajo o el proyecto. O lo que es lo mismo, entrenar la disciplina con tareas insignificantes que nos dan pereza es entrenarla para tareas ingentes que te revolucionan la vida, ya que lo que estás entrenando es el músculo de la fuerza de voluntad, y este es el mismo para ambos.

#LaInteligenciadelÉxito
Ejercitar la fuerza de voluntad con las cosas pequeñas
es volverse dueño de las grandes.
@Anxo

Esto es algo genial, ya que...

#LaInteligenciadelÉxito
cada vez que entrenamos la disciplina con la menor de las batallas,
la estamos entrenando para la mayor de las guerras.
@Anxo

En el área de la autodisciplina, cuando quieras conquistar lo grande, tan sólo entrénate con lo pequeño.

**La disciplina que otorga pequeños triunfos
es la misma que produce grandes victorias.**

---

52. EL CISNE

En un pasaje de la introducción de *Los 88 Peldaños del Éxito* mencioné brevemente que el éxito es como un cisne. Si yo pidiese en una de mis conferencias a los asistentes dibujar en un papel la figura de un cisne (lo he hecho), lo más probable es que casi la totalidad del público acabaría dibujando la preciosa figura que componen su cabeza, su pescuezo y su plumaje, probablemente desplazándose sobre un lago. Pero curiosamente eso que han dibujado no es un cisne, sino la mitad de un cisne. Esa es la parte más llamativa, la glamurosa, la que el mundo ve. La otra mitad son las patas que se encuentran bajo el lago pataleando. Esta es la parte menos llamativa pero más trabajadora. Es la parte que el mundo no ve, pero curiosamente es esta y no la otra la que ha hecho que el cisne llegara hasta donde está. Esa es la parte que a mí me interesa, la que representa no el glamur, sino el trabajo.

Ahora que 8Belts ha conseguido cosas que pocas empresas han conseguido, todos se centran en nuestro éxito y lo aplauden, algo por lo que yo siempre estaré agradecido. Damos empleo a muchas personas, y eso es precioso en un país como España que sigue teniendo grandes problemas de desempleo. Nos han dado al menos un premio de prestigio todos y cada uno de los años que hemos estado en funcionamiento, incluido el Premio Emprendedor del Año en España, y el Premio a la Mejor Trayectoria Profesional por el estado de Ohio, en Estados Unidos. ¿Increíble? Por supuesto que para mí lo es, pero eso sólo representa la cabeza del cisne. Y a mí me interesan más sus patas. ¿Cuál es la parte que el mundo no ve?

El año de lanzamiento de 8Belts yo no tuve vida. No había fines de semana, no había tiempo libre y no tuve vacaciones. Recuerdo que en Semana Santa pude hacer una escapada de tres días, algo que no pude decidir hasta el día antes de la salida, y desde luego no sólo tuve que llevarme el ordenador para seguir trabajando, sino que esa mini-vacación de tres días se compuso más de trabajo que de turismo (pero para mí valió oro por ser la única). Antes del lanzamiento, yo había invertido 40,000 horas de trabajo en la creación de la metodología (horas mías y de gente que contraté y que me ayudó), pero justo antes del lanzamiento de la empresa me sentía perdido. No sabía cómo se lanzaba una empresa y menos aún cómo vender un producto. Un empresario que identificó el valor del producto, pero también mi vulnerabilidad en aquel momento, intentó convencerme de que le diera el 50 % de mi empresa y que a cambio él se encargaría de vender el producto. Yo me sentía tan desprotegido que estuve a punto de decir sí a lo que hubiera sido el peor trato de mi historia. Por suerte dije no y me enfrenté a todo el oleaje que te espera cada vez que decides emprender. Di las gracias a todos los inversores que se ofrecieron a participar pero rechacé sus fondos. Invertí todos mis ahorros en un único sueño: 8Belts. Mi bebé. Y hubo noches durante los primeros meses en las que no conseguía conciliar el sueño por toda la incertidumbre de no saber si íbamos a llegar a fin de mes. Todo eso son las patas de mi cisne. No fue duro, sino durísimo. Pero valió la pena.

#LaInteligenciadelÉxito
Que no te digan que va a ser fácil. Es mentira.
Pero que no te digan que no valdrá la pena. También es mentira.
@Anxo

Ahora viene la pregunta clave.

¿Cuál es tu precio del éxito? ¿Hasta dónde estás dispuesto a llegar para conseguir todo aquello en lo que crees? ¿A qué vas a renunciar para alcanzar los objetivos que te fijes?

No me hables de todo lo que quieres conseguir, sino de todo lo que estás dispuesto a sacrificar para conseguirlo.

---

53. ¿CUÁL ES EL MAYOR ENEMIGO DEL CRECIMIENTO?

Uno, dos, tres...

El piloto automático.

Vivir en piloto automático es entrar en un estado plano en el que nada sucede. No hay valles, pero tampoco picos. No hay retos, pero tampoco triunfos. No hay nervios, pero tampoco aplausos. No hay desafíos, pero tampoco conquistas. Es vivir en la penumbra y su causante es la autocomplacencia.

Si el conjunto de páginas que tienes entre tus manos es la fórmula para la inteligencia del éxito, el piloto automático es la fórmula para la falta de ella. Es la antítesis de todo lo que este libro representa, y, sin embargo, son millones los que viven en ese estado de gravitación.

En una empresa, entrar en piloto automático es entrar en estado de metástasis. Es hacer absolutamente nada por avanzar, empujados por una miopía en la que se concluye «para qué cambiar, si esto no va mal». Pero lo peligroso es que que no haya cambios ahora implica que no habrá crecimiento después, ya que...

#LaInteligenciadelÉxito
sólo hay grandes victorias
allá donde antes hubo grandes riesgos.
@Anxo

La solución está en adelantarnos, en implementar cambios ANTES de que la situación los exija, en innovar, en correr riesgos grandes para obtener victorias enormes. Luchar contra el piloto automático incluso cuando las cosas no vayan mal es entender que en 2016 no competíamos en 2016, sino en 2019, ya que la batalla de 2016 ya se había ganado o perdido en 2013; y que lo que determinará que ganemos la batalla en 2025 no son las decisiones que tomemos en 2025, sino las que tomemos en 2022, puesto que la guerra se gana cuando se va por delante. Si ir por delante es sinónimo de innovación, ir por detrás es sinónimo de autocomplacencia. Las empresas que ganan son aquellas que innovan siempre, incluso cuando los clientes no lo piden nunca. No correr riesgos y no innovar equivale a dejar de ser piloto para volverte pasajero en tu propio avión y dejar que tu vida sea pilotada por el peor de los pilotos: la inercia.

Si la solución en la empresa se halla en la innovación, en la vida privada se halla en romper la monotonía: hacer algo diferente para obtener resultados distintos. Poner fin a dejarse llevar para dar paso a empezar a elegir. Dejar de ser escultura para comenzar a ser escultor. Dejar de ser pasajero para empezar a ser piloto, ya que no puedes decir que eres dueño de tu vida si no eres tú quien la conduce.

Si quieres convencerme de que tu vida mejorará mañana, háblame de qué cambios realizarás hoy.

Tan sólo formúlate esta pregunta constantemente: «las acciones que voy a llevar a cabo esta semana o este mes ¿son fruto de la inercia o fruto de mi decisión?». Si son iguales a las decisiones que has tomado los meses anteriores, lo más probable es que sean fruto de la inercia y el que guía tu vida sea el piloto automático. Sólo si presentan cambios y conllevan riesgos podrás decir que el piloto de tu vida eres tú.

Eres pasajero cuando actúas por inercia. Eres piloto cuando actúas por elección.

54. LA MENTE HORIZONTAL Y LA MENTE VERTICAL

Sabes cuál es la pregunta más peligrosa para un emprendedor?: «¿Cuál es tu siguiente proyecto?».

Cuando te pones en marcha con un proyecto propio, el proceso es una especie de escenario en el que tú actúas y otros muchos miran. Tú eres el protagonista y ellos los observadores. El protagonista, tú, se pone a trabajar en una serie de tareas que son las que hacen avanzar el proyecto y lo acercan a su objetivo. Sería como poner en marcha una excavación en la superficie terrestre en busca de un petróleo que se encuentra a muchos metros de profundidad. Excavas, excavas un poco más, te encuentras obstáculos, los sorteas, continúas excavando y por fin alcanzas el yacimiento de petróleo, pero sólo consigues extraer una tonelada, a pesar de que ahí yacen miles. El público, los observadores, se mantienen atentos a todo lo que has hecho, observan tu éxito y en cuanto ven tu petróleo te congratulan primero, para luego formularte la predecible pregunta: «¡Muy bien! ¡Lo has conseguido! ¡Debes de estar pletórico! Misión cumplida. Y ahora... ¿Cuál es tu siguiente proyecto?».

¿Misión cumplida? ¿Siguiente proyecto?

Ahí hay miles de toneladas de petróleo esperando a ser extraídas. ¡EN EL MISMO YACIMIENTO! No se consiguen abriendo un yacimiento nuevo, sino explotando el actual. Te ha costado una barbaridad de tiempo, esfuerzo y dinero llegar hasta ahí; lo has conseguido con unos recursos que se han encargado de resolver el obstáculo más difícil, el arranque, y que ahora podrían ser explotados y producir mucho más invirtiendo mucho menos. Este es el momento no de empezar otro proyecto, sino de profundizar en el actual y aprovechar lo lejos que has llegado.

Concentra tu energía. Mejor un solo pozo que llega al petróleo que un millón que se quedan a medio camino.

El ser humano es por naturaleza horizontal, se concentra en el número de excavaciones. Pero el éxito es por naturaleza vertical, se concentra no en cuántos hoyos tenías, sino en cómo de profundo era cada uno.

#LaInteligenciadelÉxito
No hagas veinte cosas de manera mediocre.
Haz una de manera excelente.
@Anxo

—¿Quieres tener éxito?
—Sí.
—Entonces ten foco.

55. APRENDE A PEDIR

Aprende a decir «no». O lo que es lo mismo, aprende a pedir. Hace tan sólo cuatro años, 8Belts tenía solamente tres empleados. Hoy somos más de cien. Aquí viene lo curioso. Era mucho más difícil gestionar una empresa de tres personas que una de cien. ¿Cómo es posible? Porque cuando tienes tres empleados, tú tienes que encargarte de todo. Cuando tienes cien, tú que eres el CEO, puedes decir «no» a más tareas, y la ventaja de esto es que puedes encargarte sólo de aquello en lo que más aportas, lo cual marca una enorme diferencia.

Decir «no» no equivale a trabajar menos, sino a trabajar de manera más inteligente.

En las más de trescientas conferencias que he tenido el privilegio de dar en los últimos años, muchas de ellas a grandes multinacionales, me he encontrado con muchos directivos que con frecuencia manifestaban la misma queja: «no tengo tiempo».

Pero...

#LaInteligenciadelÉxito
«No tengo tiempo» siempre es falso.
El tiempo no se tiene. Se encuentra.
@Anxo

Si no hay una sola persona en la faz de la Tierra que tenga ni una más ni una menos de 24 horas cada día y aun así unos con ese tiempo mejoran el mundo mientras otros no mejoran ni su vida, no puede ser por una cuestión de tiempo. Los primeros no tienen más tiempo. Simplemente aprendieron a decidir a qué no regalárselo. Cuando los directivos de los que hablaba hace unas líneas me dicen que van con la lengua fuera, lo que les digo es que deberían aprender a pedir, y eso les permitirá aprender a no hacer. No para trabajar una cantidad menor, sino para trabajar con una eficiencia mayor. Mi primer consejo para ellos es: si no tienes tiempo, aprende a decir «NO». Aprende a identificar de entre todas las reuniones a las que asistes, a cuáles deberías NO asistir; de entre todas las tareas que realizas, cuáles deberías NO realizar; y de entre todas las llamadas que haces, cuáles deberías NO hacer.

**Decir NO a una tarea que aporta poco
te permite decir SÍ a dos que aportan mucho.**

Casi todos los emprendedores hemos pecado de un exceso de control en nuestras empresas, denominado micro-management, por el que, si pudiéramos, hasta redactaríamos los emails palabra por palabra que nuestros empleados envían (yo he cometido este y otros muchos errores). Sin embargo, al ir soltando control sobre diferentes parcelas y permitiendo que ese control lo gane otra persona, sucede algo muy curioso en su mente: se vuelve el máximo responsable de esa área, lo cual a su vez lo hace dueño de esa parcela, y automáticamente provoca una situación en la que él o ella encuentra soluciones en las que tú no habrías reparado. ¿Por qué? Porque antes en esa parcela era un mandado. Ahora el que manda es él. Y esta es la gran ventaja de aprender a pedir. Pedir algo a alguien le otorga poder.

La clave para empoderar a la gente está en no dar las soluciones. Está en no dar las respuestas, sino realizar las preguntas que las provoquen.

Llegan con esta pregunta:

—Anxo, tenemos un problema con los servidores. ¿Qué hacemos?

Si respondo a esa pregunta, he mordido el anzuelo. El problema pasará de sus manos a las mías. Si le devuelvo la pregunta,

—¿Qué solución propones tú?

Restituyo el poder en sus manos, y con ello, obviamente, también la responsabilidad.

La ventaja de esta pregunta es que no le permites volver a la posición cómoda del mandado, sino que lo sigues manteniendo con la mentalidad del que manda y es dueño de sus propios problemas y, necesariamente, también de sus propias soluciones. Esta técnica es aplicable no sólo a jefes con gente a su cargo, sino a padres, profesores, instructores, o cualquier posición con cierto ascendente sobre su interlocutor. Si le das la solución, lo debilitas. Si se la exiges, lo empoderas.

Si no gastas energía con las batallas de otros, eres más fuerte al combatir las tuyas.

El no lidiar con las batallas que no deberían ser las tuyas, te permite ganar aquellas que sí lo son, ya que ahora tienes una cantidad de tiempo mayor para un número de problemas menor. Tienes foco, y eso te hace fuerte.

Aprender a pedir no es síntoma de debilidad. Es síntoma de inteligencia.

---

56. LA FÁBRICA DEL TIEMPO

¿Sabes cuál es la carta más productiva de la baraja de naipes española? El dos de oros. Bueno, en realidad ni las barajas son productivas, ni el dos de oros es más especial que el resto, pero ese ejemplo me ayudará a presentarte otro concepto y que ya no lo olvides: LAS DOS DE ORO.

De la misma forma que no todas las calorías son iguales (no es lo mismo una caloría de grasa que una de proteínas), no todas las horas son iguales. A lo largo de tu día, sea en las horas de tu jornada laboral o de tu vida personal, existen dos en las que tu productividad se dispara. Son LAS DOS DE ORO. Es un trance de 120 minutos en el que eres más productivo que durante el resto de los minutos del día juntos.

Si lo que acabo de afirmar es cierto (yo prefiero que lo compruebes tú en lugar de que me creas a mí), entonces la clave está en que LAS DOS HORAS DE ORO no sean tan sólo dos, sino muchas más.

¿Listo para el secreto de este Peldaño?

Multiplica las horas productivas y multiplicarás el tiempo.

El tiempo malo es tiempo quemado. No existe. Es aquel tiempo en el que nada sucede. No se vive, no se crece, no se produce. El tiempo bueno es el que se convierte en vida. Es aquel en el que crecemos, disfrutamos, avanzamos, construimos y producimos. De los dos, el segundo es el que realmente cuenta. Es el que recordamos en nuestro lecho de muerte, aquel que hace que otros nos añoren, el que produce nuestra huella en la sociedad, el que hace que la vida valga la pena y el que nos permite añadir valor al mundo, a nuestros seres queridos y a nosotros mismos. El quemado es el que nadie recuerda, ni siquiera nosotros mismos, puesto que es inerte y estéril. Dado que de los dos el único que cuenta es el productivo, multiplicar el número de horas que lo componen es multiplicar la vida misma.

Con las mismas horas con las que unos se preocupan por ver la televisión, otros se preocupan por construir el mundo que hay fuera de ella.

Para poder definir qué son exactamente las horas productivas, tan sólo tienes que prestar atención a aquellas de tus áreas que mejor conectan con tu escala de valores. La forma de hacerlo es preguntándote qué rescatas del último año, qué ha valido la pena del último mes, a qué le ves valor de lo que has hecho en la última semana...

... y a qué no.

¿Identificado? Ahora tan sólo haz más de lo primero y menos de lo segundo.

Seguramente nunca lo habías pensado, pero el tiempo del que se componen nuestras vidas en realidad es elástico. Si dedicas una hora a algo que tiene valor, esa hora pasará de improductiva a productiva y ese trozo de tu vida se habrá estirado. Si la desaprovechas o se la dedicas a algo que no lo tiene, esa hora de tu vida habrá menguado.

Producir estira el tiempo en la misma medida en que desperdiciarlo lo encoge.

Esto explica que un fin de semana en el que haces un viaje por carretera con mil aventuras parezca una semana, y un fin de semana rutinario parezca... un fin de semana.

#LaInteligenciadelÉxito
Si quieres vivir el doble, tan sólo haz que tu número de horas productivas se multiplique por dos.
@Anxo

57. ¿TIENES BANDERA?

Si tus amigos hablaran positivamente de ti cuando tú no estás delante, ¿dirían que no hay nadie como tú? Si a tu jefe o a la persona que te contrató le preguntasen si hay algo que te diferencia de todos los demás empleados, ¿tendría respuesta? Y si tus padres o tu pareja tuvieran que encontrar algo que te hiciese único, ¿lo encontrarían?

Si la respuesta a estas tres preguntas es «sí», entonces es que tienes bandera.

Contar con una bandera es ni más ni menos que tener un conjunto de componentes que te hagan único.

Permíteme realizar cuatro matices sobre esta definición. El primero es que no hace falta que se trate de algo que te haga único en el mundo, sino único en tu entorno. El segundo es que, aunque haya usado el verbo «tener», el objetivo no es «tener», sino «ser» (¿Recuerdas el Peldaño «No busques tener. Busca ser»?). El tercero es que no se trata de atributos innatos, sino adquiridos. Y el cuarto es que ni siquiera hace falta que sea un conjunto. Basta con uno.

#LaInteligenciadelÉxito
Tener bandera no es decir lo único que eres,
sino ser único sin necesidad de decirlo.
@Anxo

En 8Belts, a pesar de que ahora ya enseñamos idiomas como el inglés, francés o alemán, el más diferenciador por excelencia es el chino mandarín. Cuando nuestros alumnos consiguen aprender el idioma tras 8 meses a través de nuestra plataforma online en 8Belts.com y son capaces de mantener conversaciones de más de una hora en una lengua que la gente consideraba imposible de aprender, automáticamente adquieren una bandera, ya que ahora la gente los ve como «el que habla chino». Pero el mandarín es tan sólo un ejemplo de una lista infinita. Por supuesto que no tiene que pasar por aprender mandarín. Sirve cualquier cosa que te hace ser más de lo que hoy eres y que al conseguirlo automáticamente te otorga un distintivo. Puede ser el tipo de carrera a estudiar, el tipo de trabajo a desarrollar, una pasión o un hobby que practicar, un hito a conseguir, un trabajo de voluntariado a desempeñar, una meta a conquistar, una experiencia única que provocar, el estilo de vida a elegir, un viaje que pocos realicen, algo que inventar, una pieza artística a crear, o un «Momento-Atrévete» que aprovechar. Da igual lo que sea.

Si es distinto, ya es sexi.

58. TEN UN COFRE DEL TESORO

Dije tesoro? Añádele una 's'. El cofre es uno, pero los tesoros son muchos.

El mundo sería más bonito y la gente más feliz si todos nos convirtiéramos en creadores de picos en nuestras vidas. «¿Picos?» Sí. Picos de intensidad. Producir picos en tu vida es endulzarla, añadirle especias. Es combatir la monotonía y pisotear tu zona de confort, volando por los aires la rutina. ¿Cómo? Tomando momentos corrientes y convirtiéndolos en inolvidables, creando experiencias para enmarcar... y enmarcándolas.

Los momentos memorables estiran la vida.

Cuando hablo de picos y tesoros no me refiero a aquellos que la vida te da, sino a aquellos que tú provocas. Puede ser cualquier cosa a la que tú veas valor y que impregnará tu mente de un recuerdo que es candidato a permanecer ahí durante mucho tiempo: ahorrar dinero para realizar el viaje soñado, volar en globo, aprender a caminar sobre brasas, escalar una montaña, hacer un crucero, presenciar unas olimpiadas, hacer el Camino de Santiago (por supuesto hasta Fisterra ☺).

#LaInteligenciadelÉxito
Acumula experiencias únicas y tendrás recuerdos mágicos.
@Anxo

Todo esto es tu cofre y tus picos sus tesoros. La gente debería potenciarlos más, pero no lo hace porque justifica su imposibilidad con una excusa que suele ser infundada: no puedo permitírmelo porque no tengo el dinero.

Esto es falso por dos motivos.

El primero es que muchos de los mayores picos no cuestan dinero. Hay miles que puedes producir sin perder un solo euro: levantarse a las seis de la mañana y dar un paseo cuando todos duermen. Conocer otra cara de tu ciudad. Dar una sorpresa tan diferente a alguien que ambos recordéis para toda la vida. Alojar a un viajero en casa (*couchsurfing*).

El segundo es que sí tienes el dinero y sí puedes permitírtelo. Yo no hablo de provocar picos teniendo una mayor cantidad de dinero, sino provocarlos teniendo exactamente la misma. La clave está en hacer un trasvase. Tomar muchas actividades que tienen un bajo coste y que aportan muy poco, las cuales ya realizas, y cambiarlas por una sola de coste mayor que aporte muchísimo, la cual no te plantearías poner en marcha (hasta antes de este Peldaño). El objetivo es intercambiar varias cosas que a la mente le pasan desapercibidas por una sola que la mente no olvide jamás. El dinero se puede gastar de dos maneras: en muchas cosas que no recordarás nunca o en algunas cosas que recordarás siempre. Para dar vida a este Peldaño, tan sólo haz que crezca el segundo grupo con respecto al primero. En la medida en que lo haga, lo hará tu cofre de los tesoros.

La pregunta es: ¿se lo contarás a tus nietos? Y la respuesta es: si el camino tomado es el mismo que tomas siempre, no. Si es uno que no has tomado nunca, sí. De lo que se trata no es de que tengas diez tesoros o mil. De lo que se trata es de que no tengas cero.

Busca tesoros. Llena tu cofre.

59. LA PALABRA MÁS CURATIVA

En realidad no es sólo la palabra más curativa, sino también la más solidaria y la más humilde. Tiene 14 letras. Son estas:

A-G-R-A-D-E-C-I-M-I-E-N-T-O

Uno de los errores más graves, y además peligrosos, es considerar que el 100% de lo que tenemos es el 100% de lo que nos corresponde. Es cierto que aquella parte de lo que disfrutamos en nuestras vidas por la cual hayamos luchado y trabajado con ahínco sí nos corresponde. El problema es que eso es tan sólo un pedazo de todo aquello con lo que contamos. Hay un trozo enorme que no es un merecimiento, sino un regalo. Y sería un error enorme pasar tan tranquilos por la vida con esa sensación fea y arrogante de «si es mío es porque me lo merezco» y olvidarnos de decir gracias, a veces hacia dentro, a veces hacia fuera: gracias a la vida, gracias a nuestra comunidad, gracias a todos aquellos que han construido todo lo que hoy nosotros disfrutamos y gracias a nuestros seres queridos, sin los cuales quizás sí seguiríamos siendo felices, pero lo seríamos infinitamente menos. Somos unos auténticos privilegiados por vivir donde vivimos, por las oportunidades que tenemos, por las personas que nos acompañan, por la salud de la que gozamos, y por contar con los privilegios con los que nuestros abuelos soñaron. E igual que el que menos da las gracias es el que menos se merece el regalo, el que menos agradecimiento muestra en la vida es el que menos se merece el privilegio de vivirla.

#LaInteligenciadelÉxito
El primer paso para ser merecedor de lo que tienes es agradecerlo,
ya que agradecer ya es merecer.
@Anxo

Para merecer lo bueno hay que saber aplaudirlo, puesto que aplaudir es agradecer.

La palabra «agradecimiento» es tan poderosa que incluso tiene el poder de transformar tu estado de ánimo de forma casi instantánea. Te voy a contar la regla «3 × 60», y te pediré que me pongas a prueba con su eficacia.

Cuando algún día te encuentres desanimado, sin ganas, y con la moral por los suelos, llama a tres personas antes de 60 minutos y tan sólo diles lo agradecido que estás de que estén en tu vida. Las tres llamadas serán supuestamente una muestra de afecto, en forma de palabras, hacia la otra persona, lo cual, para cualquier observador sería visto como un gesto altruista. Sin embargo, ¿adivina quién será el mayor beneficiado? Tú. ¿Por qué? Porque tu estado de ánimo habrá pegado un vuelco. Para bien. Al cabo de los 60 minutos es absolutamente imposible que te sientas igual de decaído que antes de haberlos llamado. Ese es el poder del agradecimiento. Te llena de humildad pero también de paz. Pone fin al aislamiento al hacerte sentir parte de algo más grande que tú y te da unas dosis de medicamento para el ego cuando este se dispara. En definitiva, te cura.

Sé consciente de lo poco que puede durar lo bueno que tienes. No para vivir con más temor, sino para vivir con más agradecimiento.

60. ALIMENTA AL PILOTO

*T*e encuentras en un avión en pleno vuelo junto con 300 personas
*más. El vuelo cubre el trayecto más largo de todas las rutas comer-
ciales, por lo que no habrá ninguna escala durante un alto número de
horas. Por la megafonía del aeroplano la sobrecargo informa de una
terrible noticia: «la empresa de handling en tierra ha cometido un error
de gestión de los víveres del avión que ha echado a perder todas las bebidas y alimentos. Nadie podrá comer ni beber nada durante todo el
vuelo. Dado que la duración del vuelo es tan dilatada, es posible que se
produzcan desfallecimientos por deshidratación. Sin embargo, contamos en la reserva con una reducidísima cantidad de comida y bebida
pero que sólo es suficiente para una persona». Ahora viene la pregunta
clave: si esa ración sólo se puede ofrecer a una persona entre todo el pasaje y la tripulación, ¿A QUIÉN CREES QUE ELEGIRÍAN TODOS
DE FORMA UNÁNIME?*
    ¡AL PILOTO!
    ¿Por qué? Porque de él depende la salud de todos los demás.

¿Cómo se aplica esto a nuestra realidad?
    Tu cerebro es tu piloto. Y cada vez que en tu vida te halles
ante un área que quieras mejorar o que sea un problema, ese

problema es tu avión. Cuando te preocupe el estado de un vuelo, tan sólo preocúpate por el estado del piloto. Cada vez que desees mejorar un área de tu vida, no te centres en ese ámbito en sí. Céntrate en mejorar tu mente con respecto al área, y esta mejorará.

¿No sabes cómo mejorar tu carrera profesional? Alimenta al piloto. ¿No sabes cómo motivarte para mejorar tu salud física? Alimenta al piloto. ¿No sabes cómo mejorar tu nutrición? Alimenta al piloto. ¿No sabes cómo mejorar tu aceptación social? Alimenta al piloto. ¿No sabes cómo educar mejor a tu hijo? Alimenta al piloto.

¿Cómo?

Empapándolo de toda la información que encuentres sobre cada uno de esos campos.

#LaInteligenciadelÉxito
Todo lo que de tu cerebro sale está estrechamente ligado
a lo que en tu cerebro entra.
@Anxo

Por tanto, si quieres que tu cerebro te dé resultados sobre un tema, tan sólo bombardéalo con información sobre ese tema.

Y si quieres un piloto positivo, aliméntalo con ideas positivas. Si tu cerebro produce ideas negativas, lo más probable es que las que tú le inyectas también lo sean.

Si quieres un vuelo seguro, ten un piloto sano.

---

61. LA REGLA DE LOS 3 MINUTOS

Aunque podrían añadirse más ingredientes, la fórmula de la inteligencia del éxito empieza aquí:

INFORMACIÓN = ÉXITO

ya que aquellos que más triunfan suelen ser aquellos que más saben. Por tanto, gana quien más respuestas tiene. Y estas respuestas pueden obtenerse de dos maneras: de forma autónoma y de forma no autónoma. Cada vez que nuestra herramienta principal para obtener respuestas es preguntar a alguien, obtenemos información de forma no autónoma, ya que dependemos de esa persona para obtener esa respuesta. Cuando eso sucede, podría decirse que nuestra inteligencia del éxito es baja, mientras que es alta cuando conseguimos que obtener respuestas no dependa de otros, sino de nosotros. El primer paso para que esta aumente está en entender que hoy...

todas las respuestas están a unos minutos de distancia.

En el siglo xx, la búsqueda de una respuesta a un problema o a una duda era algo que, en algunos casos, los mejores, podía llevarte horas, días o meses, pero en otros, los peores, podía resultar una tarea imposible, ya que la respuesta no estaba a tu alcance. Gracias a internet, en el siglo xxi eso ha cambiado. Ahora ya no se trata de si la respuesta está o no a tu alcance, sino de a cuántos minutos de distancia está. Aquí entra la regla de los 3 minutos:

Cuando las personas se disponen a buscar una respuesta a un tema concreto y no la encuentran en los primeros segundos, normalmente desisten. Pero si persistiesen al menos 3 minutos, nueve de cada diez veces encontrarían lo que buscaban. Es habitual concluir que si la respuesta a un tema no se halla de forma inmediata es porque no estaba, pero esto es falso. Aquí viene lo importante. La respuesta sí estaba, y de hecho te estaba esperando, pero... al final de los 3 minutos. Tener tan sólo 3 minutos de paciencia en la búsqueda supone llegar adonde el 90% de las consultas no llegan, y esa perseverancia tiene premio.

Llegar a un punto al que la inmensa mayoría no llega, supone conseguir lo que la inmensa mayoría no consigue.

La regla consiste en no desistir al primer intento cuando realicemos una búsqueda, y tener el compromiso de seguir intentándolo durante al menos 3 minutos, ya que ese es el umbral de tiempo en el que se encuentran la mayor parte de las respuestas, a las que la gran mayoría de las personas no accede simplemente por tener un límite de tenacidad inferior.

Una vez intentaron formular una pregunta capciosa a Albert Einstein. Le preguntaron si sabía el valor exacto de la conversión de unas unidades de medida poco comunes, seguros de que su respuesta sería «no la sé». Efectivamente él no la sabía, pero respondió que la respuesta le importaba menos que conocer la forma de llegar hasta ella.

#LaInteligenciadelÉxito
Lo importante no es tener la información, sino saber cómo encontrarla.
@Anxo

62. CÓMO SER SUPERMÁN CON MENOS DE MEDIA HORA AL DÍA

Uno de los pasajes más populares de *Los 88 Peldaños del Éxito* es el que habla del concepto de la TOLERANCIA CERO. Consiste en marcarse un objetivo alto, el idóneo, por ejemplo, dos horas de ejercicio todos los días, y otro muy bajo que sea tan fácil que pueda cumplirse siempre, sin excepciones, por ejemplo, cinco minutos de ejercicio al día. El idóneo puede incumplirse de vez en cuando. El fácil no puede incumplirse nunca, de ahí el nombre de «tolerancia cero». Si bien es obvio que el objetivo de tolerancia cero es demasiado bajo como para que pueda suponer un gran progreso, su función no es el de sumar mucho al objetivo global, sino el de conseguir no desistir pase lo que pase. Manda un importante mensaje a tu cerebro: «podré avanzar más o avanzar menos, pero mi objetivo final es innegociable». Ahora veremos cómo aplicar el objetivo de tolerancia cero a este Peldaño.

Este es el razonamiento que hace que con tan sólo media hora al día puedas convertirte en Supermán (o Superwoman, por supuesto). Si ser Supermán es conseguir lo que el 99 % de la población no consigue, entonces para alcanzar esa meta sólo tienes que hacer lo que el 99 % de la población no hace. ¿Sabes cuánta gente invierte religiosamente, una semana sí y otra también, tres horas de dedicación exclusiva a su crecimiento personal? Menos del 1 %. Por tanto, si tú te fijas el objetivo de dedicar tres horas a hacer lo que la inmensa mayoría no hace, estarás consiguiendo lo que la inmensa mayoría no consigue. Y si cada semana dedicas tres horas a esta meta, entonces tu objetivo final te habrá llevado menos de media hora al día. ☺

#LaInteligenciadelÉxito
Para conseguir lo que sólo el 1 % de la gente consigue,
basta con hacer lo que el 99 % de la gente no hace.
@Anxo

Aquí es donde entra el objetivo de tolerancia cero. Si te permites fracasar en tu objetivo tan sólo una semana, ese ya no sería un objetivo de tolerancia cero, sino de tolerancia uno. ¿Recuerdas el Peldaño del automarketing? Bombardea tus ojos con publicidad de tu objetivo: píntalo en el espejo; cuelga carteles en el frigorífico, en la pared, en el coche; configura avisos en tu teléfono y lleva notas en el bolsillo. Sé despiadadamente específico en el tipo de objetivos a fijar, y pase lo que pase, no te permitas fallar ni una semana durante el periodo de cumplimiento que te hayas marcado. Pueden ser objetivos para mejorar tu salud, agitar tu presente, mejorar tu físico, aprender nuevas destrezas, crecer como pareja, mejorar como padre, revolucionar tu cerebro o, mejor, una mezcla de entre todas las que a ti más te interesen.

Tener inteligencia del éxito es darse cuenta de que no hace falta ser un superhombre para convertirte en Supermán, sino tan sólo entender que

hacer cosas que el mundo no hace es conseguir resultados que el mundo no consigue.

63. ¿HA ENCOGIDO MI MURO?

Uf. *Me acabo de encontrar una barrera en mi camino. Es demasiado alta y no sé qué hacer.*
  —*¿Sabías que las barreras se pueden encoger?*
  —*Eh... ¿perdón?*

Un día te encuentras caminando por el sendero de la vida. Levantas la mirada dejando de observar tus pasos para contemplar el horizonte próximo y ves que al frente sólo se observan dos cosas: una barrera que se encuentra cerca y, detrás de esta, un sol brillante a lo lejos. Si alguien te preguntase de qué color es el muro que forma esa barrera, tú no tendrías problema en afirmar que es negro. Ese es el color con el que lo ven tus ojos, dado que la parte que tú ves es aquella a la que el sol no llega y por tanto la sombra lo vuelve oscuro.

Observas el muro y te da la impresión de que es insuperable. Tu primera reacción es la de dar media vuelta y volver a casa. Pero sabes que tu destino se encuentra al otro lado y que lo correcto es superar tu obstáculo y reclamar tu premio. Te armas de valor, desoyes tus miedos, pisoteas tu desidia y saltas el muro sorteando tu barrera. Sigues caminando hacia ese sol radiante y al girarte para observar el muro que ya ha quedado atrás, te llevas una sorpresa enorme: el muro se ha transformado. Aquello que parecía infranqueable, alto y negro ahora aparece como superado, bajo y blanco. No sólo ha cambiado de color, sino que además ha cambiado de tamaño.

¿Cómo puede ser que el muro haya encogido?

Obviamente no lo ha hecho, pero tu perspectiva sí. La opinión que tienes de un obstáculo antes de saltarlo siempre es más ominosa que la que tienes tras haberlo hecho. Ese es el poder de actuar. Encoge el muro... en apariencia. El muro no ha cambiado. El que ha cambiado eres tú. Antes eras una persona que no había saltado un muro. Ahora eres una persona que sí lo ha hecho, y eso ha alterado tu vista.

Cuánto asusta la montaña desde su pie y qué poco desde su cima.

La forma de aprovechar este hecho para tu inteligencia del éxito es aprendiendo a ver la perspectiva del muro no con el tamaño de antes de saltarlo, sino con el de después. Aprovéchate de las situaciones que superaste en el pasado para corroborar que la regla se confirma. Todas tienen un tamaño aparentemente menor ahora que las has superado.

Si alguien me hubiera preguntado cómo de difícil es montar una empresa, antes de hacerlo hubiera respondido que es dificilísimo. Ahora que ya lo he hecho, diría que es difícil, pero infinitamente menos. Sin embargo, la dificultad de montar una empresa es la misma antes que ahora. ¿Qué ha sucedido? He saltado mi muro, y al hacerlo, lo he encogido.

#LaInteligenciadelÉxito
Si quieres reducir el tamaño de un obstáculo, sáltalo.
@Anxo

64. NO ME IMPORTA TU PORQUÉ, SINO EL MÍO

«*No me importa tu porqué, sino el mío.*»

Esas no son tus palabras, sino las palabras de aquel al que quieres invitar a cenar. En realidad, ni siquiera son sus palabras. Si lo fueran, sería bueno para ti, porque te daría una información muy valiosa: la información de que el que está interesado en esa cena eres tú, no él. No eran sus palabras, sino sus pensamientos. Pero como a la gente no le resulta agradable compartir pensamientos que desagradan al que los escucha, normalmente se los calla. Esto implica que tienes que ser tú el que los adivine y se anticipe a ellos.

¿Y cómo puedo saber cuándo surgirán?

No te hace falta. Yo haré ese trabajo por ti. La respuesta es: «SIEMPRE».

Los tendrá siempre que tu invitación a cenar se centre en los motivos por los que la cena es importantísima...

... ¡para ti! (En lugar de para él.)

Estas son las frases que casi todos hemos cometido el error de emplear en algún momento u otro:

- *Estoy ilusionadísimo [YO] con poder quedar con usted porque sé que sus conocimientos serían muy útiles para el proyecto [MÍO] que [YO] estoy desarrollando.*
- *[YO] Te estaría tan agradecido si pudieras ayudarme [TÚ A MÍ], ya que eres justo la persona que [YO] busco.*
- *Es muy importante para mí [o sea, YO] quedar con un tipo como tú. Me ayudarías muchísimo [A MÍ].*
- *Si quedamos, será estupendo, ya que estoy seguro de que me podrás resolver [A MÍ] mi problema [más de lo mismo].*

Este Peldaño te invita a que sustituyas esas por estas otras:

- *Si me ayudas, yo me beneficiaré de ello, pero te doy tres motivos por los que tú también te beneficiarás y mucho: [incluirlos].*
- *He leído su artículo en el periódico de ayer y quería felicitarlo. Me impactó mucho por dos frases que dijo [detallar]. A pesar de que me producía cierto respeto escribirle, me he llenado de valentía para hacerlo porque considero que usted [motivo de peso + respeto]...*
- *He visto que están buscando crecer en esta zona [porque he hecho los deberes] y creo que puedo ayudarles. Ustedes también podrían ayudarnos, por lo que considero de interés común mantener una conversación.*
- *Tengo dos cosas para usted: algo que me gustaría pedirle y algo que me gustaría ofrecerle.*
- *Le admiro por numerosos motivos [elaborar] y valoro su opinión. Me alegraría mucho si me permitiera hacer algo por usted como muestra de agradecimiento. [Ya una vez allí, mucho más tarde, hablaremos de qué gano yo y de lo que yo necesito.]*

El segundo conjunto de frases no es garantía de éxito, pero las primeras sí son garantía de fracaso.

El error más cometido cuando quieres tomar un café con alguien es dar los motivos por los que el café es importante para ti en lugar de para él.

En muchos casos, si es una persona relativamente importante o inaccesible, para poder mantener las conversaciones anteriores será necesario que primero tengas que captar su atención. Para ello ten estas dos claves en mente:

#LaInteligenciadelÉxito
Sé tremendamente breve.
Sé tremendamente impactante.
@Anxo

De las dos claves, la más importante es la segunda. Para ello, simplemente haz lo mismo que hacen las grandes corporaciones para captar la atención de nuevos clientes: tener un reclamo comercial. Ellos lo hacen con una frase que, bien defina a la empresa, o bien defina el producto. Tú debes conseguir explicar, bien a qué te dedicas, o bien por qué alguien inalcanzable para ti debería escucharte. Cada uno con una sola frase, concisa, llamativa y cautivadora.

Es sorprendente cuántas situaciones, oportunidades y personas aparentemente inalcanzables estaban a sólo una frase de distancia: acertada y atrevida, pero tan sólo una frase.

La mayor parte de la gente no te dirá: «no me has dado mi porqué». Lo que te dirá es: «esta semana me viene mal. Y la siguiente...

también».

65. ¿QUÉ HARÍA TU ÍDOLO?

Mi hijo no estudia.

Cuántas veces hemos oído esta frase de la boca de un padre con un hijo en edad escolar.

Yo, a diario.

En este Peldaño compartiré contigo una fórmula tremendamente práctica para resolver esa situación.

Hay una máxima, muy especial para mí, que se convirtió en el mantra central de mi primer libro, *Los 88 Peldaños del Éxito*:

#LaInteligenciadelÉxito
No admires el éxito. Admira el esfuerzo.
@Anxo

Ese es el punto de partida de la fórmula que estoy a punto de detallarte. En esto consiste.

Averigua de forma directa o indirecta quiénes son las personas a quienes tu hijo o hija considera sus ídolos. Una vez sepas quiénes son, empápate de sus biografías. Esto es un esfuerzo por tu parte, pero va a indicar interés por tu hijo. Como lo más probable es que sean famosos, lo normal es que no tengas ningún problema en encontrar abundante información sobre ellos en internet. Tomando la frase de partida como referencia, anota en un papel todos sus grandes éxitos pero, y esto es lo importante, anota también todas las dificultades que pasaron y los esfuerzos que invirtieron para alcanzar ese éxito. Cuando tengas toda esa información, siéntate con tu hijo y háblale de su tema favorito: su ídolo. Cuéntale toda su vida. Empieza por la frase «¿Sabías que...?». A él le encantará ver que te interesas por lo que a él le interesa. Esto captará su atención (y como premio extra verás que además te acerca más a él). Y cuando la tengas... lánzate a por tu objetivo. ¿Cómo? Equipara su éxito con su esfuerzo, estableciendo una estrecha correlación entre todo el tiempo que pasó luchando y sus triunfos posteriores. Cuando tu hijo haya entendido esa correlación, hazle ver que

los que triunfan no lo hacen gracias a ponerse en marcha cuando tienen su motivación por las nubes, sino a hacerlo cuando la tienen por los suelos.

Es en este punto que podrás cerrar el círculo consiguiendo que entienda que su ídolo también tenía la tentación de dejarse sucumbir por la pereza, pero en cambio, la fue venciendo una y otra vez hasta conseguir alcanzar su objetivo.

Y ahora, ¿listo para la pregunta principal?

Cuando tu hijo haya entendido lo anterior y tenga que decidir entre superar la pereza y no hacerlo, simplemente formúlale esta pregunta:

si estuviera en tu misma situación, hoy, aquí, con exactamente estas mismas circunstancias...

¿QUÉ HARÍA TU ÍDOLO?

Luego retírate y deja que sea él mismo el que saque su propia conclusión.

Si de tu ídolo admiras su éxito, emula su esfuerzo.

---

66. EL PROPÓSITO DE LA VIDA

Una de las mayores paradojas del ser humano consiste en tener la intención de alcanzar un punto y acto seguido tomar el camino que lo lleva justo hacia el punto opuesto. Lo peor es que además, mientras se dirige al punto opuesto, sigue convencido de que, a pesar de moverse en dirección contraria a su objetivo, acabará alcanzándolo tarde o temprano.

Esto sucede con el propósito de la vida. Constantemente cometemos el error de intentar alcanzar la felicidad persiguiendo precisamente las cosas que no la dan.

Si te diera un abanico de opciones, ¿sabrías decirme si alguna de ellas representa el propósito de la vida? Veamos qué papel juega cada una y cuál es la respuesta correcta.

¿Dinero?

Hay un motivo por el que el dinero no puede constituir el propósito de la vida, y es que, por definición, el dinero es un medio de pago, y como consecuencia, sólo es un puente hacia otras cosas (supuestamente mayores). Por tanto, como mucho, el propósito sería aquello que el dinero puede conseguir, pero no el dinero en sí. Responde a este principio:

El dinero se vuelve destructivo cuando representa un fin; constructivo, cuando representa un medio.

¿Salud?

La salud sin lugar a dudas es algo importantísimo, ya que no tenerla, al igual que no tener dinero, boicotearía toda la felicidad que otras áreas pudieran darnos. Pero también, como sucede con el dinero, no es un fin, sino un medio. El objetivo de la salud no es tenerla sin más, sino que nos permita hacer aquello que realmente vale la pena. La buena salud en sí misma no es el propósito de la vida. Este es el principio que explica su valor:

A veces es necesario tener algo no porque tenerlo sea un placer, sino porque no tenerlo es un dolor.

Si el dinero y la salud, que representan dos grandes áreas en la vida de la gente, no encierran el propósito de la vida, entonces ¿cuál es la respuesta? Las otras dos. El trabajo y las personas. Pero hay matices. Hay dos tipos de trabajos igual que hay dos tipos de personas. Sólo uno de los dos tipos en cada ámbito representa la respuesta correcta.

Qué bonitos pueden llegar a ser los lunes cuando trabajar no es realizar un trabajo, sino materializar una pasión.

¿Trabajo?

En realidad el trabajo importa poco. Lo que importa es la realización que obtenemos de él. Si el único motivo por el que tienes un empleo que odias es porque necesitas todo el dinero que ganas, primero plantéate por qué necesitas todo ese dinero, y segundo invierte la mayor parte del dinero que cobras en buscar otra cosa. Lo más probable es que para hacer un cambio así necesites de una red de seguridad económica. Si ese es el caso, ahorra todo lo que puedas. Si existe un pasaporte a la libertad, tus ahorros serán ese pasaporte.

#LaInteligenciadelÉxito
No trabajes ni por dinero ni por reconocimiento. Trabaja por realización.
@Anxo

¿Relaciones?

Y por último las personas. Ellas son la mayor fuente de significado en la vida. Si hiciéramos una encuesta entre un grupo de jubilados de más de noventa años y les preguntáramos por los recuerdos que más embellecen su memoria, los principales protagonistas de todos ellos no serían ni el dinero, ni la salud, ni el trabajo. Serían las personas. Pero no cualquier tipo. Sólo las del segundo grupo mencionado antes. Ese grupo se refiere sólo a aquellas personas que aportan relaciones con SIGNIFICADO. Y esa distinción es vital. No todas las personas se merecen nuestro tiempo, nuestra atención o un trozo de nuestra vida, sino sólo aquellas por las que realmente vale la pena vivir. Identificar a este grupo requiere reflexión y análisis. Y también valentía para cortar lazos. Requiere inteligencia del éxito.

#LaInteligenciadelÉxito
Cada vez que regalas una hora a alguien que no la valora, se la estás negando a alguien que podría merecerla mucho más.
@Anxo

67. CÓMO GANAR UN MILLÓN EN UN MINUTO

¿He dicho un minuto?

Perdona. Me equivoqué. Me sobraban los últimos 59 segundos.

Permíteme reformular el título a «cómo ganar un millón de euros en un solo segundo».

Uno de los principales indicadores de inteligencia del éxito es la aceptación de uno mismo. Cuando uno no se acepta como es, esta falta de aceptación, con el tiempo, suele traducirse en inseguridad. Esto se puede convertir en un peligro, ya que la falta de confianza conduce a la inacción, que, como ya vimos, es uno de los enemigos del éxito. Lo que sucede es que nos miramos al espejo, vemos que somos un poco mayores que el año anterior, nos centramos en la parte menos atractiva de nuestro físico y concluimos que no nos gustamos tal y como somos.

Han pasado diez años. Estás un poco más arrugada y con más canas. Ves un anuncio en el periódico de la doctora Milagros, cuya tecnología con la que cuenta, hoy sería de ciencia ficción. Con tan sólo tomar una pastilla puede hacer que tu estética mejore de forma totalmente mila-

grosa. Acudes a su clínica y tras un pequeño estudio te muestra un re-trato robot del nuevo aspecto que tendrás en caso de que te tomes la pastilla. No hay ninguna cirugía ni ninguna intervención invasiva. Tan sólo una pastilla. Observas la foto de la que podría ser tu nueva cara y cuerpo y esta te seduce enormemente. Te ves preciosa. Le pides presupuesto y te dice que el importe de tu cambio de look asciende a un millón de euros. Lo primero que piensas es en tu cuenta bancaria. Te ha ido bien y cuentas con mucho dinero, pero no alcanzas la cifra mencio-nada. Te pasas los próximos tres meses soñando con tu nuevo look y buscando el dinero. Al final lo consigues, abonas el presupuesto, te to-mas la pastilla y obtienes tu nuevo look. Sales del hospital, llegas a tu casa y lo primero que haces es correr a un espejo. Sólo deseas verte. En cuanto lo haces tu cuerpo se llena de emoción: te ves bella, sublime, como nunca. De repente te fijas por primera vez en una foto colgada en la pared en la que apenas habías reparado anteriormente. Observas la foto, observas el espejo, vuelves a observar la foto y vuelves a observar el espejo. No das crédito: tienes la misma imagen ahora que en la foto. La imagen de la foto eres tú diez años atrás.

La misma cara que antes te daba tristeza, ahora te da felicidad.

Han tenido que pasar diez años para que valores la misma belleza que hoy tienes. Diez años... y un millón de euros.

Prepárate porque aquí viene lo importante.

Si tardas un segundo en decidir aceptarte e incluso enamorar-te de tu aspecto actual, ese es el tiempo en que has tardado en ser un millón de euros más rica (o rico), o lo que es equivalente, un millón de euros menos pobre.

La vanidad es como una sirena tentadora que siempre pide más. Bien dominas la tentación y te aceptas como eres, o bien caes en la trampa de alimentarla cada vez más... y gustarte cada vez menos.

La próxima vez que te mires al espejo y no te guste lo que ves, tan sólo piensa que en diez años pagarías un millón de euros para estar igual de bien que hoy. Así que, dado que...

#LaInteligenciadelÉxito
en unos años pagarías un millón por tener tu aspecto actual;
mejor gústate hoy y ahórrate el millón.
@Anxo

68. QUÉ SENSATO SER LOCO

Creo que tenía veintidós años. Seguía viviendo en Virginia, en Estados Unidos, el estado al que llamé «mi hogar» durante varios años. Me encontraba en casa con dos de mis mejores amigos, Eddy y Scott. De repente a Scott se le iluminó la bombilla, y Eddy y yo reaccionamos como de costumbre, con una ceja subida y otra bajada, conscientes de que iba a ser otra idea de bombero. Su «brillante» idea consistía en lanzarnos el reto a los tres de nada menos que correr en la nieve todas las mañanas a las 7.30. La pregunta era «¿hay narices para atreverse?». Y la respuesta nuestra no era una, sino dos. La interior que decía «ni de coña», y la exterior que acabó diciendo «por supuesto que hay narices» (otro de los defectos de ser hombre demostrando quién es más gallo en el gallinero).

El primer día pensé que me moría de la pereza. El despertador sonó a las 6.45. Me peleé con él durante media hora hasta que a las 7.15 no me quedaba más remedio que ponerme en marcha. Me puse la ropa de deporte con los ojos medio cerrados y llenos de legañas, me lavé la cara y los dientes de forma completamente autómata, y al pisar la calle experimenté la sensación más desa gradable del día: era como un tornado que te engancha, te envuelve y te lanza a varios metros de distancia como resultado del impacto del *shock* inicial, excepto que lo hacía con tal elegancia, que no necesitaba ni moverse, ni moverte. Bastaba con bajar el termómetro a temperaturas intempestivas. Así de poderoso es algo tan simple como el frío.

Sentí primero en mi oreja derecha y luego en mi izquierda esa sensación que te queda cuando te han dado un tortazo con la mano abierta. Primero notas aturdimiento, luego notas somnolencia y al final directamente no notas nada. Sin embargo, nadie me había golpeado. Las temperaturas eran tan bajas que en cuestión de minutos había dejado de sentir las orejas y la nariz. La densidad de la nube que formaba delante de mi cara mi propia respiración era tal que me dificultaba la visión. Las manos, que yo pensaba que estaban protegidas por el hecho de llevar guantes no sólo no lo estaban, sino que también empecé a dejar de sentirlas pasados unos minutos. Por si fuera poco, la nieve empezó a colarse en mi zapatilla, mojándome los calcetines y empezando a empaparme los pies. Yo agitaba mi cabeza incrédulo, y acto seguido empezó a hablarme mi querida voz interior:

Pero ¿cómo puedes ser tan idiota? ¿Para qué diablos has aceptado el reto? ¿Tan difícil era decir que no? ¿Tan planos sois los hombres que siempre tenéis que ir de machitos? Tan sólo tenías que decir: «Scott, yo creo que sería mejor hacerlo por la tarde y un día a la semana». Y ahora, gracias a ese envalentonamiento aquí estás como un imbécil, a las 7.30 de la mañana, haciendo turismo en una cámara frigorífica. Y todo esto ¿para qué? Obviamente para nada. No hay un solo motivo que justifique todas las penurias que estás pasando. Nada de esto vale la pena.

La verdad es que fue francamente desagradable y por más que aumentaban los días de ejercicio no parecía que aumentara mi adaptación al clima. Me daba la impresión de pasarlo tan mal el día 15 como el primero. Por tanto, por mucho que me pesara, no me quedaba más remedio que reconocer que mi voz interior tenía razón. Era duro, desagradable, ni siquiera estábamos haciendo algo que fuese a aportar valor al mundo y hasta se podía discutir que lo pasamos mal inútilmente. Sin embargo, mi voz interior sí estaba falta de razón en un aspecto: era falso el hecho de que no valiera la pena. Hay un motivo por el que sí valió la pena.

3, 2, 1...

El motivo es que...

LO ESTOY CONTANDO HOY Y TÚ LO ESTÁS LEYENDO.

—Anxo, ¿lo dices en serio?

Yes, Ja, Oui, Duì, Da...

Completamente en serio.

Que los momentos irrepetibles no te pillen durmiendo.

Adivina qué hubiera pasado si me hubiera quedado en la cama.

Absolutamente nada. Y de la «nada» no se habla. Cuando no sucede nada, nada es contado, nada pasa a la historia, nada se queda grabado en tu mente, nada trasciende. Si no hubiéramos corrido en la nieve a esas horas tan poco amigables y con un clima tan adverso, esos días hubieran sido iguales al resto, y eso es equivalente a que su existencia fuese tremendamente similar a su inexistencia. Que hubieran existido es casi igual a que no lo hubieran hecho, ya que

#LaInteligenciadelÉxito
la rutina fomenta el olvido. Lo diferente fomenta el recuerdo.
@Anxo

¿Significa esto que todo el mundo debería ponerse a correr sobre la nieve a primera hora de la mañana? En absoluto. Lo que significa es que lo peor que te puede pasar es tener una vida tan predecible y tan rutinaria y monótona que nunca te permitiese hacer algo así de loco al menos una vez en la vida.

69. HOY SÍ LIGO

(Para el público de América Latina:
«ligar» en España significa «seducir con éxito».)

¿Has oído alguna vez que los mayores descubrimientos provienen de conclusiones tremendamente sencillas? Aquí un ejemplo: puedes cambiar tu estado de humor tan sólo con cambiar tu forma de vestir.

Todos coincidimos en que existen dos estados de humor, el de ánimo y el de desánimo, pero, sin embargo, pocos reparan en que también hay dos tipos de ropa, la que fomenta el ánimo y la que fomenta el desánimo. ¿Cómo llamo yo a cada una? ¡Por su nombre! Ropa HoySíLigo y ropa HoyNoLigo.

Te encuentras en un estado de humor HoySíLigo cuando sientes que puedes comerte el mundo. Y hablamos de ropa HoySíLigo para definir aquella que te da la confianza para salir y comértelo. HoyNoLigo representa justo lo contrario.

¿Cuál es el error que la gente normalmente comete? Emparejar el estado de humor HoyNoLigo (desanimado) con el tipo de ropa HoyNoLigo (desaliñado). «Me siento mal, y por tanto me visto mal.»

¿Cuál es la solución a este error?

El secreto está en hacer justo lo contrario. Emparejar el estado de humor HoyNoLigo con el tipo de ropa HoySíLigo. Al hacerlo sucede algo interesante: cuando alimentamos con la mejor ropa un estado de humor malo, automáticamente lo convertimos en bueno.

Ropa HoySíLigo ⇒ Estado de humor HoySíLigo
Ropa HoyNoLigo ⇒ Estado de humor HoyNoLigo

La ropa es el amo y el estado de humor es el esclavo. Cuando el amo dice «hacia arriba», el estado de humor sube, y cuando dice «hacia abajo», el estado de humor baja.

Mejorar el estado de humor no te sacará del pozo, pero te acercará un paso más al día de la salida.

Gracias a cambiar el modo de vestir, podrás mirarte al espejo y lanzarte un piropo alentador exclamando «¡pues no estoy tan mal!». Y sólo por esa frase habrá valido la pena provocar un cambio deliberado en tu imagen. Su valor es inmenso.

Por cierto, HoySíLigo y HoyNoLigo son tan sólo dos nombres para describir a ambos grupos, pero que ligues o no es completamente irrelevante. Lo importante es que consigas alterar tu estado de humor, sacudir las penas y activarte de cara al éxito. Así que identifica todas aquellas prendas que puedan formar parte del grupo HoySíLigo. Si no cuentas con ellas, cómpralas. Invertir en ello será invertir en un valioso arrastre en el que apoyarte los días que necesites hacerte más fuerte.

#LaInteligenciadelÉxito
Cambia cómo te vistes y cambiarás cómo te sientes.
@Anxo

70. RESETEAR EL LÍMITE

*E*va *y Luis eran dos niños de seis años amigos del colegio; misma edad, mismo curso, y mismo tipo de familias. Eran niños normales, que se portaban bien casi siempre y, por supuesto, hacían alguna travesura de vez en cuando. Su hora de acostarse era a las nueve de la noche, pero ambos estaban enganchados a un programa de televisión que empezaba a las 20.30 y no acababa hasta las 22.30, por lo cual normalmente sólo podían disfrutar del principio. Cuando se sentaban frente a su programa preferido, tanto Eva como Luis perdían un poco la noción del tiempo, por lo que cada día se iban acostando un poco más tarde. Como sus padres tampoco estaban muy pendientes de la hora y por tanto no mostraban ningún tipo de desaprobación, ambos niños entendían que si al final acababan acostándose un poco más tarde, eso no era algo muy grave. Un día consiguieron ver todo el programa y a su término se dirigieron por* motu proprio *a la cama un poco antes de las 23. Esta situación se repitió varios días tanto con Eva como con Luis. Los padres de Eva, cuando al cuarto día vieron que su hija estaba más cansada de lo normal, se enfadaron con ella por estar aún despierta a las 22.30, reprochándole su agotamiento, diciéndole que ella sabía que su hora de acostarse era las nueve y espetándole que eso podía tener graves consecuencias en su rendimiento escolar. Pero ella estaba tremendamente confusa. No podía entender cómo el mismo hecho que el día*

anterior no era ni grave, de repente al día siguiente fuera gravísimo. Eva se fue a dormir triste y desorientada, sin entender a qué se debía ese enfado por parte de sus padres y convencida de que no existía ninguna justificación.

¿Dónde estaba el problema? En que los padres de Eva, con su silencio, habían dado el mensaje a su hija de que estar despierta a las 22.30 no era grave. Y si ella ve que estar despierta a las 22.30 un miércoles no es grave, es lógico que concluya que tampoco puede serlo estarlo un jueves.

Cuando tu frustración crezca, no esperes que el otro lo intuya.

Los padres de Luis también sintieron frustración el primer día que cayeron en el hecho de que su hijo bajo ningún concepto debería estar aún sin acostarse a esas horas, pero en lugar de enfadarse con él, se dieron cuenta de que el error no fue de su hijo, sino de ellos. Ellos reconocieron que con su silencio de los días anteriores, tácitamente le habían dado el mensaje de que estar despierto tan tarde no era para nada grave. A diferencia de los padres de Eva, en lugar de ventilar su frustración con su hijo hicieron algo diferente. Le comunicaron que debían restablecer el límite y llevarlo al punto anterior.

—Luis, hemos cometido un error. Te hemos permitido estar despierto demasiado tarde y como consecuencia de ello ahora estás más cansado de lo normal. A partir de mañana vamos a volver al horario original. Tu hora de irte a la cama será de nuevo las 9. A pesar de que ayer fue aceptable estar despierto a las diez y media, a partir de mañana no lo será.

La clave de este Peldaño está en que siempre que hayamos dejado de exigir el cumplimiento de algo estamos siendo ambiguos sobre dónde está el límite. Y la única forma, sin excepción, 243 de volver al punto anterior es teniendo una comunicación de puesta a cero que explique que lo que ayer era aceptable, hoy ya no lo es. Hay que resetear. Y todo reseteo debe ser comunicado. Esta fórmula es la única forma eficaz de restablecer un límite, una regla, o un reglamento sobre cuyo cumplimiento has perdido el control. Es tremendamente eficaz, evita malentendidos y te permite ganar el control de una forma comprensible, justa y armoniosa. Su poder está en evitar que nuestro interlocutor tome como ilógico que hoy te enfades por algo que ayer permitías.

#LaInteligenciadelÉxito
Cada vez que no expresas tu disconformidad, estás expresando tu aprobación.
@Anxo

71. LA INTELIGENCIA DEL APRENDIZAJE

Con tan sólo veintitrés años me contrataron para ser profesor en la James Madison University, en Virginia (Estados Unidos). Era tan joven que tuve que llevar traje y corbata para conseguir que los alumnos me vieran como un profesor y me respetasen como tal. Tenían miedo de que sucediese lo contrario, y por supuesto no ayudaba que muchos de mis planteamientos, preguntas, comentarios y formas de ver la vida fuesen poco ortodoxos.

Una de las primeras de esas preguntas poco convencionales que formulé a mis alumnos fue:

> Imaginaos que yo explico algo en clase, alguien está haciendo un poco de *daydreaming* (el «soñar despierto» de toda la vida) y acto seguido me pregunta sobre lo que se acaba de perder por no estar escuchando. ¿Consideráis que eso es aceptable o inaceptable? ¿Normal o anormal? ¿Debería responderle o no responderle?

Casi todos por unanimidad y de forma unívoca respondieron: «es inaceptable, anormal y además no deberías responderle, ya que lo normal hubiera sido que estuviera atento».

Yo les contesté justo lo contrario: «Por supuesto que le responderé, ya que es mi trabajo. Por supuesto que me parece normal, puesto que todos lo hacemos, y hasta cierto punto (siempre que no se convierta en un abuso), me parece incluso deseable que me pregunte sobre algo a lo que no ha prestado atención, ya que me da una segunda oportunidad de reforzar mi mensaje».

Cuando el resto del mundo se muestra en desacuerdo con esta postura es porque están obviando una realidad. Actúan como si los alumnos debiesen escuchar el 100 % de las cosas el 100 % de las veces, pero eso ni es posible ni es realista. Mi punto de partida es que es normal que no escuchen ni cada cosa que digo ni cada minuto que hablo. Mientras el sistema tradicional asume que las cosas se retienen la primera vez que se escuchan, mi premisa es que la mayor parte de la información no se retiene tras una repetición, sino tras varias. ¿Qué significa esto? Que aquella información que forma la parte principal de tu mensaje debe ser repetida un número de veces mayor.

Presta atención a lo siguiente.

Existen dos tipos de información. Una es tremendamente relevante. Esta es la que constituye la parte central del mensaje. Otra es tremendamente irrelevante. Es la que constituye la periferia. Aquí viene la primera observación importante:

Te enseña más un mensaje central aprendido a fondo que cien periféricos aprendidos a medias.

Imaginémonos que tenemos un edificio de ocho plantas y que la planta primera representase el mensaje más importante que un profesor tuviese que dar a un alumno. La planta segunda contendría el segundo mensaje más importante y así sucesivamente hasta la octava, que contendría el menos importante de todos. El principio se pondría en práctica en el momento en el que se añada la siguiente regla: *cada vez que quieras subir a una nueva planta, has de volver a empezar de cero.*

Funcionaría de la siguiente manera.

Estás en la planta uno, subes a la dos.

¿Quieres pasar de la dos a la tres? Has de empezar de cero: planta uno, planta dos, planta tres.

¿Quieres pasar a la cuatro? Vuelves a empezar de cero: planta uno, planta dos, planta tres, planta cuatro.

Y así sucesivamente.

Ahora viene la pregunta importante. ¿Cuántas veces habrás pasado por la planta primera y cuántas por la última?

Si se aplica la regla correctamente, lo que sucederá es que habrás pasado por la primera planta ocho veces y por la planta ocho una vez.

Este símil representa la forma en que deberíamos tratar la información para poder aprenderla de forma adecuada. Los mensajes no deben tratarse todos por igual, sino que deben recalcarse con la misma frecuencia que su grado de importancia. Si A es ocho veces más importante que B, repítemelo ocho veces más que B. Pero el sistema convencional (salvo excepciones) hace justo lo contrario: todo por igual y todo una sola vez. Si se hiciera correctamente, estaríamos dando a nuestros oyentes ocho oportunidades más de no perderse aquello que realmente deben retener. Si dar protagonismo a la planta uno, el centro, es centrarse en las reglas, dar protagonismo a la planta ocho, la periferia, es centrarse en las excepciones. Pero si quieres enseñar algo y que se aprenda de forma adecuada,

---

nunca expliques las excepciones hasta que no hayan quedado claras las reglas.

Lo que te acabo de contar es algo en lo que creo tan fervientemente que no sólo lo aplico para aprender cada disciplina en la que me sumerjo, sino que he llegado a construir toda una metodología en torno a ello. Los ocho Cinturones de 8Belts (*Belt* en inglés significa «cinturón») se basan en el símil anterior de las ocho plantas, no porque haya que empezar de cero cada vez que se quiera subir de Belt, sino porque el dominio del Belt-1 de nuestros alumnos es tan alto que podría decirse que es ocho veces mayor que el Belt-8. Este dominio tan elevado de las partes más importantes del idioma es lo que les permite hablar con mucha fluidez en muy poco tiempo. Van subiendo de Belt como en las artes marciales sólo cuando han demostrado una gran destreza en el Belt actual, una mayor en el anterior, otra aún mayor en el Belt previo y así sucesivamente. Si la metodología ha conseguido demostrar unos resultados en el aprendizaje de idiomas que posiblemente no se hayan conseguido antes, es gracias a unos elaborados algoritmos matemáticos que ponen en práctica este principio: decidir qué partes de un idioma forman la planta uno y qué partes forman la planta ocho, equiparando las veces que se repite cada una con su grado de importancia. Repasan un número de veces mayor las palabras que se usan un número de veces mayor y viceversa. ¿Por qué? Porque no toda la información tiene la misma importancia.

#LaInteligenciadelÉxito
Trata la información igual que tratas la comida. Da más importancia a aquella que más alimenta.
@Anxo

72. SÉ EGOÍSTA
(Y MEJORA EL MUNDO)

Lo que te voy a contar en el siguiente Peldaño es una curiosa paradoja. Consiste en una forma de mejorar el mundo pero pensando no en el bien del mundo, sino en el bien tuyo. De esto trata.

Cada día regala un acto de generosidad a otra persona que esta no se espere. Vuélvete un cazador de experiencias: mantener una conversación reconfortante con un desconocido, pagar un café a alguien que no vas a volver a ver en tu vida, dar un piropo a alguien cuyo nombre desconoces, comprar un regalo inesperado a una persona de tu entorno, resolver un problema de alguien sin decir que fuiste tú quien lo ha resuelto, hacer un favor a un conocido que nunca esperaría que se lo hicieras, preguntar su historia a una persona que pide en la calle y escuchar con interés su respuesta.

Ahora viene la parte importante. Si realizas ese mismo acto por mero altruismo o porque consideras que es tu obligación contribuir a un mundo mejor, obviamente eso no tiene nada de malo, pero la probabilidad de que se perpetúe en el tiempo se reduce, ya que el altruismo por altruismo es menos duradero que el egoísmo. Lo que yo te propongo es que hagas lo mismo, pero con una motivación diferente. La egoísta. No porque quieres que otra persona tenga esa experiencia, sino porque quieres tenerla tú. ¿Te has parado alguna vez a pensar por qué la gente da regalos? ¿Realmente es porque quieren que el agasajado tenga ese regalo o puede que sea porque él quiere tener el gusto de regalarlo? Curiosamente la motivación de regalar es mucho más egoísta de lo que solemos pensar, y, sin embargo, eso no le hace perder su virtud. Al contrario, reconocer que es una ventaja, porque motiva, hace que se pueda aprovechar su valor.

Dar, engancha.

No lo hagas por otros. Hazlo por ti. Tú te alegrarás de que tu cofre de las experiencias mejore, pero en realidad lo que de verdad estará mejorando es el mundo.

#LaInteligenciadelÉxito
El placer de dar es el más bonito de los egoísmos.
@Anxo

73. NO TENGAS FE. TEN UN PLAN

Mucha gente tiende a afirmar aquello de que «si deseas con todas tus fuerzas que algo se cumpla, se cumplirá». Hay sólo un problema con este planteamiento. El problema es que hace aguas. Nadie ha conseguido demostrar una correlación entre desear algo mucho y la materialización de ese algo, y, sin embargo, dicha creencia está bastante extendida. Esto se debe a un error muy común.

El motivo por el que la gente comete este error es porque cuando pregunta a las personas de éxito si tenían fe en que alcanzarían ese éxito, todos sin excepción responden que sí, de lo cual obtienen la conclusión de que todos los que tienen fe tienen éxito. Pero que todos los que tienen éxito tengan fe, no significa que todos los que tienen fe tengan éxito. Por tanto, la conclusión es errónea. ¿Tenían fe? Sí, pero... tenían fe en su plan. Y este es el causante de su éxito. Por tanto, para tener éxito...

#LaInteligenciadelÉxito
no tengas fe. Ten un plan.
@Anxo

Si tienes un plan y este es viable, tendrás fe y tendrás éxito, pero la fe no será la causa de tu éxito, sino la consecuencia de tu plan.

La solución no es dejar de decir tópicos como estos que, a fin de cuentas, son reconfortantes: «todo va a ir bien», «seguro que lo consigues», «verás como la situación va a mejorar», «no tengo duda de que este problema se acabará pronto». Dilos, pero no porque tienes un mantra, sino porque tienes un plan y porque estás dispuesto a hacer todo lo necesario para materializarlo. La fe, cuando no está acompañada de un plan es superstición. Cuando sí lo está, es autoconfianza.

Es cierto que en la vida a veces nos encontramos con tragedias contra las que no podemos combatir. Estos casos se vuelven duros y son más grandes que nosotros. Este Peldaño no se refiere a ellos, sino a aquellos en los que el éxito depende de nuestra determinación interior. Ante estos sí hay mucho que nosotros podemos hacer para alcanzar aquello que definamos como nuestro propio éxito, y en estos casos este Peldaño es de un enorme valor.

La próxima vez que te sientas tentado a tener fe, no la bloquees. Ten toda la del mundo... pero en tu trabajo, en tu esfuerzo, en tu creatividad, en tu estrategia, en tu perseverancia, en tu inteligencia... en tu plan.

**No busques aumentar la fe en tu plan.
Busca mejorar tu plan, y con ello aumentarás tu fe.**

---

74. LANZA UNA GRANADA

¿**L**os atascos de tráfico son fastidiosos? Por supuesto. Pero al menos, casi siempre se trata de un fastidio temporal, ya que, a fin de cuentas, se acaba avanzando y, más tarde o más temprano, se acaba saliendo de ellos. Todos sabemos que ese atasco concreto no va a suponer un problema vital para nosotros a medio plazo, ya que la maraña irá desenmarañándose por sí sola en cuestión de minutos, o como mucho, horas. El verdadero problema es cuando te encuentras en un atasco no en el tráfico, sino en la vida. Estos sí pueden suponer un problema a medio o incluso a largo plazo y, lo que es más complicado, no se desenmarañan por sí solos, sino que debemos desenmarañarlos nosotros.

Un día te levantas y te das cuenta de que todo aquello que te producía satisfacción en tu vida ha desaparecido, o a lo mejor no lo ha hecho, pero ha dejado de producirla. Has entrado en bucle y no sabes cómo salir de esa rutina que te está engullendo. ¿Qué hacer cuando esto sucede?

La respuesta es: lanzar una granada. ¿Y qué significa «lanzar una granada»? Adoptar medidas drásticas que, por un lado, pue-

LA INTELIGENCIA DEL ÉXITO

den ser duras de asumir, pero que, por otro, tienen el poder de conseguirte desatascar.

Quizás has intentado cambiar tu situación de diferentes maneras y los resultados no te parecen los adecuados, pero a lo mejor deberías plantearte que sí lo son. ¿Por qué? Porque tus cambios eran pequeños, y lo cierto es que...

---

a cambios pequeños, resultados pequeños; a cambios drásticos, resultados drásticos.

O lo que es lo mismo,

---

si quieres resultados drásticos, no realices cambios pequeños. Y si realizas cambios pequeños, no esperes resultados drásticos.

Este es el motivo por el que para poner fin a un bucle, que es un resultado drástico, hace falta dinamitar, que es una medida drástica.

Normalmente basta con lanzar una granada en una única área, si bien en algunos casos es posible que sea necesario dinamitar más de una. Las hay de todo tipo.

Lanzar una granada en tu espacio físico: irse a vivir a otra casa, a otro barrio, a otra ciudad o incluso a otro país.

Lanzar una granada en tu grupo de amigos: apuntarse a una asociación o a un grupo de voluntariado que te permita reciclar el conjunto de amistades.

Lanzar una granada en tu día a día: cambiar de trabajo, dejar el trabajo, apuntarte a un máster, montar una empresa.

Las granadas tienen una virtud por encima de todas: la de sacudir tu mundo. Todas las piezas cambian de sitio, se recolocan, y eso tiene un inmenso impacto no sobre las piezas, sino sobre ti. Es lo mismo que sucede cuando decides dar un vuelco a la decoración de tu casa. Aun siendo los mismos muebles y los mismos cuadros, sólo con cambiarlos de sitio tienes la sensación de haber cambiado de casa. El poder de la granada es que dinamitar el entorno viejo con un entorno nuevo ha producido tal agitación que, incluso si volvieses a tu entorno anterior, notarías que este habrá cambiado sin que en realidad lo haya hecho. ¿Por qué? Porque el que has cambiado eres tú. Ese es el poder de la dinamita.

#LaInteligenciadelÉxito
Transforma tu entorno para que el que te transformes seas tú.
@Anxo

75. ¿QUIERES ESTAR SANO?

¿Q uieres estar sano?

—*Anxo, qué preguntas más raras me haces. Claro que quiero estar sano. Todo el mundo quiere estar sano.*

—*Ah, ok. ¿Y para qué?*

—*Para hacer mil cosas.*

—*Dame todos los ejemplos que se te ocurran.*

—*¿Ejemplos? Pues practicar deportes como el fútbol, hacer* rafting, *ciclismo, viajar, conocer lugares increíbles de la Tierra, aprender idiomas, cursar un máster, hacer un curso de botánica o marquetería, descubrir la fotografía, hacer un* safari, *dar la vuelta al mundo en barco, jugar a los bolos, montar a caballo, aprender a bailar salsa, participar en un proyecto de ayuda al desarrollo, hacer voluntariado, estar más con la gente que quiero y hacer más cosas con ellos. Hay mil cosas que cuando estás enfermo no puedes hacer y cuando estás saludable, sí.*

—*Tienes razón. Tu razonamiento tiene toda la lógica del mundo. ¿Te puedo hacer la última pregunta? Curiosamente es la más importante de todas.*

—*¿Qué pregunta?*

—*Si deseabas no estar enfermo para poder hacer todas esas cosas. Entonces...*

¿LAS HACES?

—Mmmm...

—No te preocupes. No hace falta responder. Era una pregunta retórica. Me contento con que te haya hecho pensar.

#LaInteligenciadelÉxito
No esperes a mañana que estés enfermo para empezar a hacer aquello que puedes hacer hoy que estás sano.
@Anxo

76. CENA CON UN GENIO

¿Cuántos euros cuesta poner la mente de un genio a tu servicio? Te voy a dar una pista. Está a medio camino entre -1 y +1. Cero.

Imagínate que estamos en el siglo XX. Tú eres la mujer (o el hombre) más rica del mundo y quieres tener a tu disposición el conocimiento más avanzado, más documentado y más vanguardista de diez áreas de tu interés. Para ello hablas con las mejores universidades del mundo y les pagas unas cantidades estratosféricas de dinero para que pongan en marcha un programa de selección de los mejores alumnos en psicología, marketing, nutrición, *fitness*, economía, gestión del tiempo, superación personal, motivación, emprendimiento y nuevas tecnologías. Luego tomas otra cantidad igual de estratosférica y la inviertes en financiar las carreras de todos esos alumnos, sus doctorados, unas becas de investigación y prácticas en el mundo real que les permitan mejorar sus teorías. Llegado ese punto, contratas a un grupo de expertos para que descarten a todos los candidatos y se queden con tan sólo uno en cada área, el mejor de cada disciplina. Como tú eres una mujer muy ocupada que apenas tiene tiempo porque necesita encargarse de sus negocios millonarios, comunicas a los expertos que sólo le concederás una hora de tu tiempo a cada uno, y les exiges que condensen todos esos años de investigación y estudio en un resumen ultra sintetizado con las claves más importantes que ellos han descubierto.

Ahora hagamos una estimación de qué coste tendría el colosal y hercúleo proyecto. ¿Un millón de euros? ¿Cien millones? ¿Mil millones?

[pausa]

¿Sabes cuánto cuesta eso en el siglo XXI?

[pausa]

Nada.

Los tienes a todos en internet. Están a un vídeo de distancia. Y por cero euros.

Se han seleccionado solos, se han costeado sus estudios, no con tu dinero, sino con el suyo, se han dejado la piel por entrar en las mejores universidades, se esforzaron cada día de su vida en ser más diligentes y rigurosos que el resto de los candidatos, perdiéndose fiestas, viajes y diversiones, y todo eso ¿para qué?

Para que tú pudieras tener ese conocimiento.

En tu ordenador.

¡¡¡GRATIS!!!

Ahora viene lo importante.

Si esos expertos han hipotecado sus vidas para contarnos sus hallazgos de forma resumida en un vídeo de una hora por internet que debería costar millones pero es gratuito... entonces ¿cuánta gente los ve? Casi todos, ¿no?

Incorrecto.

Casi nadie.

#LaInteligenciadelÉxito
En el siglo XX había muchas ganas y poca información.
En el siglo XXI hay mucha información y pocas ganas.
@Anxo

El grupo de los que los ve no llega al 10 % de la sociedad. El grupo de los que no los ve supera el 90 %. Y el objetivo de este Peldaño es darle la vuelta a la tortilla.

Haz esto:

- Crea un listado no de diez, sino de tres temas que te producen curiosidad.
- Busca libros de autores que hayan escrito sobre esos temas y sean considerados expertos en sus campos.
- No hace falta ni que compres su libro. Lo más probable es que el 80 % de lo que necesites saber de su libro lo cuente en una charla de tan sólo una hora.
- Busca esa charla en internet y pulsa sobre el botón «Ver más tarde» (sí, ese botón existe).

La próxima vez que vayas a correr, al gimnasio, o simplemente estés conduciendo tu coche de forma autómata, recupera tu lista de «ver más tarde» y no escuches música. Escucha esa charla. (Ver el vídeo es secundario.)

El hecho de que esos vídeos sean gratuitos hace que la inmensa mayoría del mundo se pase por alto su incalculable valor. El simple hecho de que esos vídeos existan es motivo suficiente para que el conocimiento a nivel mundial se revolucione y, de hecho, ya se está revolucionando, pero sólo entre ese grupo de los que toman la decisión consciente de nutrirse de ellos.

Ya que me has permitido abrirte la puerta a ese grupo (si no eras ya parte de él), ¿me permites ahora lanzarte el reto de mirar tan sólo un vídeo antes de las 23.59 de hoy a fin de decir «oficialmente he dejado de ser parte del grupo que no se nutre del conocimiento gratuito de los genios»? Tan sólo encuentra a tu autor favorito y... cena con él.

Online.

Por supuesto que no me considero ningún genio, pero aquí te dejo el enlace a los podcasts que comparto con el mundo: <www.anxoperez.com/podcast>. ¿Cenamos?

77. LA SEDUCCIÓN DEL ALTRUISMO

Si menciono la palabra «seducción», probablemente lo primero que nos viene a la cabeza es: romance, coqueteo, aventura, relación, pareja. Sin embargo, el alcance de la palabra «seducción» no se aplica sólo a las relaciones de pareja, sino a todo. Buscamos seducir a nuestros amigos cuando deseamos caerles bien, a nuestros clientes cuando deseamos que nos compren, a nuestros jefes cuando deseamos que nos asciendan y a nuestros contactos cuando deseamos que nos atiendan. Por tanto, todo en la vida es seducción, y conocer la clave de la seducción es conquistar una gran parte del éxito. ¿Cuál es esa clave?

Radica en un binomio: el binomio altruismo-egoísmo. Dos palabras aparentemente tan opuestas, y, sin embargo, tan ligadas entre sí. ¿Cómo funciona? El arte de la seducción, cuando se hace bien, siempre debería tomar como punto de partida no los intereses de uno, sino los intereses del otro. Esto representa la parte altruista. Y la consecuencia de tener primero en cuenta los intereses del otro es que el que se acaba beneficiando es uno mismo. Esto representa la parte egoísta. Pero hay una importante regla. Está prohibido mentir. Si se es deshonesto, se rompe el binomio.

Gana quien más sincero es. La pregunta que hay que formularse es «¿Cómo puedo ayudar a la otra persona... de forma genuina?»; «¿cómo puedo defender los intereses del otro igual que si fuesen los míos propios?». ¿Cuál es la parte mágica de este principio? Que cuando es así de genuina, la seducción se convierte en altruismo y el altruismo se traduce en seducción. Hermosa reciprocidad.

He descubierto que los mejores proyectos, los buenos negocios, las mayores hazañas siempre están lideradas por grandes conquistadores, y que...

---

los grandes conquistadores no logran su éxito con propuestas engañosas, sino con propuestas irrechazables.

Son las propuestas que ponen de manifiesto no qué gano yo, sino por qué ganarías tú. He contemplado decenas de propuestas que no prosperan porque cometen el error más común: hablar de por qué la propuesta tiene mucho valor para el que habla, en lugar de para el que escucha. Pero...

---

lo egoísta es efímero. Lo generoso es eterno.

Busca defender primero no tanto los intereses tuyos como los intereses del otro, y curiosamente verás que el mayor beneficiado acabarás siendo tú.

Existe la creencia de que la gente que más engaña, más alto llega, pero yo he constatado que esto no es así.

#LaInteligenciadelÉxito
En la vida, como en los negocios, ser deshonesto es como quemar papel:
calienta mucho, pero dura poco.
@Anxo

78. ¿COSTE O BENEFICIO?

Si preguntásemos a cualquier persona que entienda un poco del tema si 500 millones de euros es una cifra cara para fichar a un jugador de fútbol, todos dirían sin excepción que no es cara, sino carísima. Ahora imagínate que un jugador es comprado por esa cifra. El fichaje, el más caro de la historia del fútbol, le cuesta al club 500 pero le genera 1,000. ¿Cuál sería la respuesta ahora? La respuesta sería que el fichaje, al club comprador, no le ha salido caro, sino barato. ¿Cómo puede ser que ahora sea barato si la cifra no ha cambiado? Porque el problema no estaba en la respuesta, sino en la pregunta. No se puede preguntar si algo tiene un coste alto sin tener en cuenta el beneficio que se obtiene a cambio. Es decir, todo en la vida (no, este Peldaño no se refería sólo al dinero), cada decisión, cada plan, cada inversión de tiempo, cada dedicación de nuestro esfuerzo y hasta cada descanso tendría que llevarse a cabo sólo cuando las ventajas de ponerlo en marcha sean mayores que las de no hacerlo, o lo que es lo mismo, todo en la vida debería ser el resultado de calcular no su coste, sino su coste en comparación a su beneficio.

Siempre que seguir adelante con una decisión tenga un coste

alto pero un beneficio aún más alto, entonces ese coste no será alto, sino bajo, y siempre que una decisión tenga un coste bajo pero un beneficio aún más bajo, en realidad ese coste ha sido alto. ¿Por qué? Porque el primer coste, aun siendo alto, produce beneficios. Y el segundo, aun siendo bajo, produce pérdidas. En el ejemplo anterior, la cuestión no es si deben o no pagarse esas cantidades tan astronómicas por un jugador de fútbol (ese debate no compete a este Peldaño), sino que el hecho de que ese fichaje sea caro o barato no lo determina el coste, sino el beneficio.

Este es uno de los Peldaños que más ligados está a la inteligencia del éxito, ya que ella es la responsable de llevar la mente humana un paso más allá de donde se quedan las masas. Cuando no aplicamos inteligencia del éxito, nos centramos en la pregunta más obvia pero menos elaborada: «¿cuesta mucho o poco?». Pero cuando sí lo hacemos, nos centramos en otra mucho más interesante: esta operación, esta decisión, esta inversión de esfuerzo o dinero... «¿SUMA O RESTA?». En la primera pregunta el foco está en lo que algo cuesta. En la segunda está en lo que ese algo ofrece.

#LaInteligenciadelÉxito
Pensar sólo en el coste de algo es apostar por no perder.
Pensar en su coste + su beneficio es apostar por ganar.
@Anxo

79. LA HORA DEL SUEÑO

¿Cuánto tiempo dedicas a tu trabajo? ¿Cuánto tiempo dedicas a tu familia? ¿Cuánto dedicas a dormir? ¿Cuánto a alimentarte o al ocio? Si las respuestas a esas cuatro preguntas ya ocupan el 90 % de tu tiempo, estaríamos hablando de más de 150 horas a la semana. ¿Sabes cuántas de esas 150 horas recordarás dentro de un año? Casi ninguna. Con este Peldaño te propongo que dediques no 150 horas, sino tan sólo una a algo que recuerdes toda la vida. Si puedes dedicar todas esas horas a todas esas áreas, entonces espero poder convencerte con este Peldaño de que es inteligente guardarte tan sólo una de ellas para ti. Esta es la hora más sagrada y seguramente la que más lejos te lleve. Se llama la hora del sueño. Y tiene poco que ver con dormir y mucho con soñar.

#LaInteligenciadelÉxito
La única forma segura de no alcanzar tus sueños
es no teniéndolos.
@Anxo

Toma una hora cada semana en la que, pase lo que pase, te aísles del mundo, te encierres en tu refugio preferido y dediques esa hora no a otros, sino a ti, no a lo cotidiano, sino a lo importante, y no al trabajo, sino a tus sueños. Dedica la mitad de ese tiempo a preguntas como: ¿Qué te apasiona? ¿Cómo definirías la vida que más vale la pena vivir? ¿Con qué soñabas cuando eras niño? En tu lecho de muerte, ¿de qué te arrepentirías de no haber hecho? Si pudieras hacer cualquier cosa para mejorar tu vida, ¿qué cosas harías? ¿Qué te impide volar más alto, soñar con mayor ambición, y hacer cosas que nunca has hecho? Luego dedica la otra mitad a trazar tu plan de acción para dar forma a tus respuestas y por extensión dar forma a tus sueños. Que la mitad de tu cita contigo mismo sea de pies en el cielo. Pero asegúrate de que no falta la otra mitad: la de pies en la tierra.

Si quieres una vida apasionante, persigue un sueño.

Dado que esa hora es sagrada, todo en torno a ella también lo es. Debes cumplir con ella cada semana con una regularidad escrupulosa, mantener la hora de arranque con una puntualidad minuciosa, y sobre todo, llevar a raja tabla una política de cero distracciones. Hay mil momentos para ser altruista y pensar en otros, pero este es un momento para pensar exclusivamente en ti. Si el éxito está en la inteligencia, esta vez se trata de exprimir su jugo y aplicarlo todo a ti. La sorpresa está en que en la medida en que dediques tiempo a tus sueños estarás oxigenando tu vida, esto te hará una persona más feliz, y tratar con una persona feliz es un regalo no sólo para ti, sino para aquellos que tratan contigo.

La felicidad es contagiosa. A veces sé feliz sólo para
que otros se beneficien de ello.

80. EL DECÁLOGO DEL DESAMOR

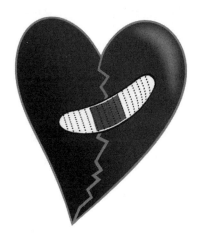

Más tarde o más temprano todos tendremos que pasar por una ruptura sentimental, y todos los que pasan por una pueden clasificarse en dos grupos, los que la atraviesan con inteligencia y los que no. Este es mi decálogo para formar parte de los primeros. No te saltes este Peldaño ni aunque consideres que tú no tendrás que pasar por los males del desamor, ya que aunque tú te salves, en algún momento tendrás que consolar a alguien que no tenga tanta suerte.

Aquí el decálogo empezando por las tres prohibiciones de los puntos diez, nueve y ocho.

Punto 10. PROHIBIDO RECHAZAR UNA INVITACIÓN DE TUS AMIGOS. Especialmente durante las primeras semanas después de la ruptura, grábate a fuego que está prohibido no salir. Si recibes una llamada para realizar la actividad que sea, la respuesta siempre es «sí».

Punto 9. PROHIBIDO PASAR UN DÍA ENTERO EN CASA. O peor, pasarlo en la cama. Haz el compromiso contigo mismo de obligarte a salir de casa al menos una vez todos los

269

días. La forma más acertada de cambiar el estado de humor que tienes es cambiando el lugar donde te encuentras.

Punto 8. PROHIBIDO PASAR DEMASIADO TIEMPO DESOCUPADO. La mejor forma de conseguir que tu mente deje de pensar en un tema es distrayéndola con otros. Da igual lo que hagas, pero haz.

Aumentar las horas de ocupación es reducir las de preocupación.

Punto 7. BUSCA REFUGIOS. El deporte es uno de los mejores por las ventajas que ofrece para la salud y para reconducir tu foco, pero existen mil más. Cualquier pasión o hobby como tocar un instrumento, la pintura, la gastronomía, la fotografía o la escritura son herramientas mágicas para combatir la melancolía.

Punto 6. CONOCE GENTE AUNQUE NO TENGAS GANAS. No tiene nada que ver con buscar pareja. Ni es el momento ni tú estás predispuesto. Hazlo para conseguir que tu mente deje de dedicar tiempo sólo a una persona. Conocer a diferentes personas, sean del género que sean, distraerá tu mente, te abrirá a nuevas interacciones y acelerará tu recuperación.

Punto 5. CUÍDATE EL DOBLE DE LO HABITUAL. La mayor parte del dolor que sientes no lo causa la ruptura, sino no dormir, comer y beber adecuadamente. Duerme todo lo que puedas para compensar la falta de energía, come lo suficiente aunque no tengas hambre y bebe agua aunque no tengas sed.

Punto 4. DATE EL CAPRICHO. Hay épocas en que debes ahorrar y épocas en que debes gastar. Esta es época de lo segundo. Si habías estado esperando al momento adecuado para darte un capricho, éste lo es. Despilfarrar no es inteligente. Mimarte, sí.

270 **Punto 3.** LLENA TU VIDA. Una de las decisiones más inte-

ligentes para mitigar algo que pierdes es compensarlo con algo que ganas. Apúntate a clases, cursos, seminarios, congresos, charlas motivacionales, asociaciones de todo tipo o viajes que sirvan de ganancia para compensar tu pérdida.

Punto 2. CONVIERTE LAS LIMITACIONES EN POSIBILIDADES. Estar con esa persona tenía ventajas pero también desventajas. Este es el momento de centrarte en todas las limitaciones que ahora acaban de convertirse en libertades. Crea una lista de todas las cosas que antes no podías hacer... y hazlas.

Punto 1. DATE UN CHUTE DE MÚSICA. La música tiene un poder inmenso de alterar las emociones, y, sin embargo, pocos la usan con la intención deliberada de alterar su estado de ánimo. Yo tengo una lista de reproducción de canciones sólo para levantar el ánimo. Le llamo la lista Muy Happy Happy, que es el nombre de la canción que yo he creado sólo con esa intención. Escúchala cada vez que necesites un subidón: <htpp://www.anxoperez.com/MuyHappyHappy

#LaInteligenciadelÉxito
Tener sano el corazón es hacer libre a tu mente.
@Anxo

81. LA PREGUNTA DEL MILLÓN

S i cuento con tu permiso para exagerar ligeramente (muy ligeramente), con la justificación de que la conclusión es más importante que la exageración, me atrevería a decir que no hay pregunta más valiosa que la que te regalará este Peldaño, y que no hay error más cometido que no formularla.

Tomemos a tres profesionales en acción. El primero es un vendedor que realiza una elocuente presentación de su mejor chalet de lujo a un matrimonio muy bien avenido. El segundo es un emprendedor que ha creado un portal que permite a aquellas personas que no hagan uso de sus vehículos en periodos vacacionales alquilar sus coches a un tercero y con ello financiar parte de sus vacaciones. Presenta su idea a un grupo de inversores realizando una exposición convincente de una idea brillante. Y el tercero es el responsable de innovación dentro de un importante banco de inversiones que quiere convencer a sus jefes de que la empresa debería pasarse por completo a la banca online, convertir las oficinas físicas que aún posee en incubadoras gratuitas de empresas de base tecnológica (*startups*), y a cambio quedarse con una parte del accionariado de cada una.

Los tres realizan sendas presentaciones brillantes, se dan un efusivo apretón de manos con sus interlocutores y, sacando pecho, proceden a abandonar la sala en la que se encuentran, convencidos de que su actuación ha sido inmejorable.

¿Qué tienen los tres en común?

Que todos se hubieran alzado con una matrícula de honor a sus exposiciones si no fuese por el error del final. ¿Cuál? No haber formulado la pregunta del millón.

—¿Te gustaría saber cuál es?

—Anxo, estoy al borde de la taquicardia. Por favor, ¡dime ya la pregunta!

—¿Seguro que no quieres que espere un poco más?

Es broma.

Aquí va.

DE TODO LO QUE TE HE CONTADO...
¿QUÉ TE HA ENCANTADO MÁS?

Esta pregunta no es magia, sino majísima. ☺ Es pura dinamita. Tiene dos ventajas geniales.

Cuando nuestros tres protagonistas abandonan la sala convencidos de que lo han hecho estupendamente bien, se dejan el tesoro dentro de ella. Ellos creen que lo han hecho bien, pero desconocen si sus interlocutores también lo creen, porque... ¡no se lo han preguntado!, ya que se han ido a ciegas. Están en la más opaca oscuridad. ¿Y por qué es esta pregunta tan importante? Porque es luz. La misma luz que a ellos les falta. Formular esa pregunta automáticamente te permite saber qué opinan ellos, y lo que es más importante, guiarlos hacia la parte positiva de lo que opinan, o sea, a la parte que más los acerca a ti. Y eso vale mucho.

Pero hay un valor todavía mayor. Este valor es el del poder de la palabra hablada, y responde a este principio:

> **Una frase dicha por ti para otra persona valdrá tanto como un grano de arena. Esa misma frase dicha por él valdrá tanto como la playa entera.**

Si consigues que alguien diga con su propia boca qué parte le ha sorprendido más de todo lo que le has contado, no sólo pones foco y entras en un terreno muy fértil para ti, sino que además habrás plantado la mejor de las semillas en el terreno más sagrado: su mente.

#LaInteligenciadelÉxito
Lo que sale por tu boca, en la mente del otro vale uno.
Lo que sale por la de él, en su mente vale mil.
@Anxo

Conclusión. El objetivo no es conseguir vender tu idea, sino conseguir que el que se la autovenda sea él. ¿Cómo?
Fácil.

DE TODO LO QUE TE HE CONTADO…
¿QUÉ TE HA ENCANTADO MÁS?

82. EL PODER DEL RECONOCIMIENTO

De todos los años que viví en Estados Unidos extraigo aspectos que me gustaron más y otros que me gustaron menos, como no debería ser de otra forma, y de entre los primeros me gustaría destacar su gran uso del reconocimiento como herramienta para reafirmar y estimular a las personas. Cuando se emplea fuera del trabajo, es una herramienta de motivación. Cuando se usa en contextos laborales, es incluso una moneda de cambio. Es precisamente en estos últimos donde su uso marca más la diferencia, ya que es la moneda de cambio más accesible que existe y, sin embargo, es muchísimo más poderosa que el dinero, a pesar de ser infinitamente más barata.

Se ha demostrado que muchas veces ofrecer enormes primas o bonificaciones a directivos de grandes empresas no sólo no se traduce en un aumento de su motivación, sino que incluso puede producir un descenso, y, sin embargo, este sigue siendo el principal recurso al que recurren muchas empresas. ¿Por qué? Porque no se dan cuenta de que el dinero en sí no es un fin, sino tan sólo un camino hacia un destino mayor que el propio dinero. El dinero tiene mucha fuerza cuando se necesita para cubrir necesidades, pero una vez están cubiertas, su fuerza se desmorona. ¿Y qué es aquello que, llegados a ese punto, cobra más valor que el dinero?

El significado.

Una vez cubiertas sus necesidades económicas, las personas pasan al siguiente estadio, al del significado, en el que quieren saber que son parte de algo, que trabajan de cara a algo mayor que ellos mismos, que lo que hacen cuenta, que su rendimiento aporta y que alguien lo valora. El problema es que si un día tras otro nosotros no miramos a esa persona a los ojos y no le reconocemos que su contribución tiene mucho valor, inevitablemente dejará de creer que lo tiene. Curiosamente, mi experiencia me dice que las empresas más grises son las que menos reconocen el valor de su gente, y las más modernas y dinámicas, las que no tienen problema en dar un reconocimiento personalizado, específico y en público.

#LaInteligenciadelÉxito
El día que ya no tengas a tu lado a alguien, lo que más lamentarás no será lo que siempre pensaste sino lo que nunca dijiste.
@Anxo

Esto es aplicable al trabajo pero también al 100 % de nuestro entorno, desde nuestra madre o nuestro hijo hasta el panadero al que sólo damos los buenos días. Lo podrán admitir o no, pero todos están deseosos en mayor o menor medida de saber que alguien valora su aportación y de que alguien les reconozca su persona, no por aquello que podrían ser, sino por aquello que ya son.

Haz este ejercicio entre tus conocidos. Pregunta si recuerdan algún día de su infancia en que un maestro o un compañero los elogiase o felicitase por algo. Apuesto que todos recuerdan ese momento e incluso con todo tipo de detalles. ¿Por qué? Por dos motivos. Porque el número de veces que alguien les regaló un cumplido impactante es demasiado reducido y porque un elogio verdadero, sincero y genuino tiene un efecto tan contundente en el cerebro humano que lo puede impregnar durante años o incluso para toda la vida.

Dado que todo lo incluido en este libro está orientado a un crecimiento de tu persona y a un aumento de tu inteligencia pero sólo de cara a la acción, permíteme pedirte que seas tú quien dé vida a este Peldaño reconociendo a alguien, quien sea, por algo, lo que sea, antes de que transcurran 24 horas, a fin de que su enorme poder se transforme en hechos reales en un periodo de tiempo inferior a un día.

#LaInteligenciadelÉxito
Si el destinatario nunca llega a saberlo, de nada sirve el regalo.
@Anxo

83. EL EFECTO PORTERO Y EL EFECTO DELANTERO

Una de las mayores injusticias que tiene lugar en el mundo del fútbol es lo que yo denomino el *efecto portero* y el *efecto delantero*. No se juzga a ambos con la misma vara de medir. El portero sólo necesita un segundo malo para ser demonizado y el delantero sólo necesita uno bueno para ser glorificado. Cuando un portero tiene un minuto malo y 89 buenos, todo el mundo recordará su minuto malo. Cuando un delantero tiene un minuto bueno y 89 malos, todo el mundo recordará su minuto bueno.

En el mundo de la empresa hay emprendedores que sueñan con el *efecto delantero*. Es lo que en España se denomina «el Pelotazo». Buscan dar con una idea brillante que te permita hacerte rico de la noche a la mañana. Pero lamentablemente la realidad empresarial se rige más por el *efecto portero*. Hay que estar en alerta permanente para que ningún competidor te agarre por sorpresa y te meta un gol. Esto es lo que se consigue cuando se está en constante estado de innovación. Igual que sucede con el portero, es estar siempre vigilante para no ser superado por el rival.

Anticípate a la llegada de los problemas y los empequeñecerás.

Cuando Google se puso en funcionamiento, al poco tiempo de su fundación ascendió al primer puesto de los motores de búsqueda por internet. ¿Y qué hizo en cuanto alcanzó su posición de líder en su campo? Buscó seguir mejorando su algoritmo con tanto ahínco que no sólo impidió a otros competidores acercarse, sino que incluso abrió la brecha que lo separaba de ellos.

El mejor momento para decidir cómo actuar el día que las cosas vayan desastrosamente mal es el día en que van estupendamente bien.

Ahora viene lo interesante.

Aunque no han cesado de innovar e innovar para incluir miles de mejoras en las búsquedas, si preguntásemos a los usuarios de su herramienta si esta ha cambiado mucho, nadie que no sea experto daría un rotundo sí. Para el usuario medio, cuando realizaba una consulta en google.com hace quince años, esta satisfacía sus necesidades. Y hoy... también. Pero lo que no sabe ese usuario es que él se ha vuelto más exigente cada año, al igual que lo ha hecho el mercado y asimismo los propios competidores de Google. El listón siempre sube, tanto si el usuario lo sabe como si no. Sus necesidades de hace quince años son menores y menos exigentes que las que él tiene hoy. Si Google o cualquier otra empresa no se mantiene en constante evolución a fin de posicionarse a la par del listón ascendente de sus clientes, la gente a estas alturas no estaría usando el buscador de Google, sino el de sus competidores. Pero ojo a un importante detalle. Estamos ante un *efecto portero*. La gente no ha reconocido las mejoras constantes que representan el éxito del buscador, pero sí hubiera reconocido la falta de ellas que hubieran representado su fracaso.

#LaInteligenciadelÉxito
Los clientes tienen poca capacidad para detectar lo que funciona,
pero mucha para detectar lo que falla.
@Anxo

Asume que tu producto en uno o dos años será una basura, a fin de desestimar el actual y trabajar en el presente por tu producto del futuro. En 8Belts no me interesa tener el producto actual, sino tener hoy el que tendríamos en tres años, de no ser por Peldaños como este que aceleran su llegada.

Mi cuñado Jesús, que es médico, siempre dice que hay que beber agua antes de que el cuerpo la pida. «Si el cuerpo tiene sed, el agua llega con retraso.» Lo mismo sucede con anticiparse a las necesidades de los clientes.

Cuando el cliente pide una mejora, es que tu mejora llega tarde.

84. ¿TRIGO O PAJA?

En la vida existen unas horas para descansar y otras para crecer y producir. Este Peldaño se centrará en las segundas y en cómo multiplicar su valor sin aumentar su cantidad. Voy a compartir contigo una pequeña fórmula mágica para la gestión del tiempo. Asimilarla te permitirá producir mucho más incluso trabajando mucho menos.

Todas las tareas que llevamos a cabo a lo largo del día pueden clasificarse en dos grupos: el grupo del trigo y el de la paja. El trigo representa aquello que produce resultados. La paja representa aquello que produce ruido.

Si me preguntaran qué diferencia del resto a aquellos que son más expeditivos a la hora de trabajar y conseguir resultados, mi respuesta sería que poseen un tipo de inteligencia del éxito que les permite detectar con suma precisión dónde está el trigo y dónde la paja y cómo ser despiadadamente disciplinados para reducir la cantidad de paja y elevar la de trigo.

#LaInteligenciadelÉxito
Tener la inteligencia para gestionar el tiempo es tener la llave
para estirar la vida.
@Anxo

Las ventajas de detectar y elevar la proporción de trigo con respecto a la paja son enormes. Si sientes que tu rendimiento en el trabajo es menor de lo que te gustaría, si consigues menos resultados de los necesarios, si percibes que remas mucho pero avanzas poco, si las horas no te cunden o si simplemente vas siempre con la lengua fuera y constantemente tienes la sensación de que no tienes tiempo, lo más probable es que no sea una cuestión de tiempo, sino de exceso de paja. No es que no realices suficientes tareas, sino que realizas las inadecuadas.

Presta toda la atención a la siguiente frase porque ella es la pregunta mágica que te permitirá discernir la paja del trigo el resto de tu vida. Ella es el filtro que te hará conseguir que los fardos de paja sean pocos y los de trigo sean muchos.

¿Listo?

Cada vez que te dispongas a realizar una labor, sea la que sea, pregúntate:

¿TENDRÁ REPERCUSIÓN ESTA TAREA EN UNA SEMANA?

Si quieres ser aún más despiadado, cambia la palabra «semana» por «mes» o incluso «año». En la medida en que el efecto de la tarea que estás realizando hoy más perdure en el tiempo, más cerca estará de ser clasificada como trigo. Y cuanto menor sea la prolongación de su efecto en el tiempo, más cerca lo estará de ser clasificada como paja.

Las personas más eficientes a la hora de producir no producen más porque tengan una mayor capacidad de trabajo o porque dediquen una mayor cantidad de horas, sino porque lo que es mayor es su tasa de retorno. Y ¿qué es la tasa de retorno? La proporción entre las horas de paja y las horas de trigo. Si de cien horas que trabajas, veinte son horas de paja, entonces tu tasa de retorno es del 80 %, ya que ese es el número de horas que dedicas a tareas con repercusión en el futuro. Entrena tu inteligencia para clasificar todo lo que haces como trigo y paja, y en la medida en que aumentes el trigo y reduzcas la paja estarás consiguiendo que se dispare tu tasa de retorno y que se multiplique tu ratio de productividad.

Para aumentar tu productividad no busques aumentar el número de horas que dedicas, sino reducir el número de tareas que no impactan.

---

85. ERES UN PRIVILEGIADO

Imagina que te encuentras con una gran amiga que no te ha visto en varios años. Os pasáis toda la tarde charlando y ella te hace varias observaciones sobre cómo te encuentra y cómo te ve. Nueve de esas observaciones son fabulosos elogios. Una no lo es. ¿En cuál te centras?

Ahora imagina que tu jefe o tu profesor realiza una evaluación de tu rendimiento en el trabajo o en clase. Te ha regalado numerosos aplausos por tu desempeño, pero una crítica sobre algo que debes mejorar. ¿Cuál recordarás con más ahínco?

En ambos casos la respuesta es: el punto negativo.

El ser humano ha sido programado para detectar los peligros de las cosas que van mal y no para celebrar la belleza de las cosas que van bien. Todos pensamos en el avión siniestrado, pero no en los miles y miles de vuelos exitosos. Lo peor no es obviar los exitosos, sino concluir, tras fijarte sólo en los accidentes, que volar es peligroso.

Durante la gira promocional de mi primer libro asistí a uno de mis
partidos semanales de fútbol, como de costumbre, un sábado por la

tarde. Siempre he sido pésimo golpeando el balón de cabeza, por lo que todos los balones que me llegan por encima de la altura del pecho habitualmente intento rematarlos de chilena. Algunas veces, las menos, he conseguido marcar gol. Otras, las más, he fallado. Ese sábado conecté el disparo de forma acertada, pero coloqué mal mi brazo izquierdo, el que siempre uso para amortiguar la caída de espaldas, y mi codo se salió de sitio. La foto de la chilena hubiera sido preciosa. La de mi brazo destartalado, no tanto. Me llevaron al hospital, me escayolaron una parte del brazo, y al día siguiente, durante una entrevista de radio, mi entrevistador me preguntó en directo por el brazo:

—Anxo acaba de entrar en el estudio con un brazo escayolado. Se dislocó el codo jugando ayer al fútbol. Anxo, estarás fastidiadísimo con la lesión. Qué mala suerte, ¿no?
—Te va a sorprender mi respuesta, pero yo lo veo con una perspectiva diferente.
—¿Cuál es esa perspectiva?
—Curiosamente no siento fastidio por esta vez que jugué y me lesioné, sino agradecimiento por los cientos de veces en que jugué y salí ileso.

Pone cara de sorpresa. Pausa. Duda...

—¿Me lo dices en serio?
—Si he hecho unas cien chilenas en toda mi vida y sólo me he lesionado con una, entonces tengo 99 motivos para estar feliz. ☺

El día que te sientas fatal, responde a esta interesante pregunta: ¿Cuál es el número de días en que te has sentido fenomenal? El día que tengas un dolor de cabeza, pregunta a tu mente: ¿Cuál es el número de días en que no te ha dolido nada? El día que alguien te dé una mala contestación, haz un poco de memoria: ¿Cuál es el número de días en que la gente de tu entorno ha sido encantadora? El día que la vida parezca no tener sentido, piensa por un momento: ¿Cuál es el número de días en que te has sentido feliz de estar vivo?

Somos unos privilegiados. Vivimos en un mundo que nuestros bisabuelos ni hubieran podido imaginar. Ellos soñaban con tener los avances de los que nosotros hoy disfrutamos a diario. Todo lo que tú tienes a tu alcance hoy es el trabajo no de los más de siete mil millones de personas que poblamos la Tierra, sino de la aportación de los miles de millones que los precedieron desde el inicio de la historia. La suma de todo ese conocimiento colectivo creó la obra de arte del presente que nosotros disfrutamos hoy.

—*Anxo, pero hay mil cosas en el mundo que van mal.*

Por supuesto que las hay, pero por cada diez retrocesos que lamentar, hay mil avances que celebrar. Que el mundo tenga mil cosas que arreglar nos da motivo no para lamentarlas y abatirnos, sino para levantarnos y mejorarlas.

Vivir no es una lucha. Es un privilegio.

El día en que te das cuenta de lo afortunado que eres por vivir en el lugar que vives, aprender de la gente que aprendes, disfrutar de las oportunidades que tienes, gozar de la salud que gozas y querer a las personas que quieres, de repente los grandes dramas se vuelven sólo problemas, los problemas, pequeñeces, y las pequeñeces, nimiedades.

Tú eres el que puede decidir arruinarte el día con una queja o alegrártelo con mil sonrisas.

O lo que es lo mismo,

#LaInteligenciadelÉxito
que tu día sea o no gris no lo decide la lluvia. Lo decide tu mente.
@Anxo

86. ¿TU ÉXITO ES TUYO?

La gente que me conoce sabe que tengo una pasión desmesurada por la vida. Peldaños como el anterior la ponen de manifiesto y sirven de oda para gritar lo bello que es estar vivo. Si ese Peldaño se centraba en lo privilegiados que somos por el lugar donde vivimos, el momento en la historia, nuestra salud o nuestra gente, este constata un privilegio aún mayor.

Estás escalando una montaña en un lejano país. La subida es abominable y la hazaña durísima. Los indígenas de ese país reconocen que eres extranjero y que estás luchando por coronar la cima de su temida montaña, y por el camino te ofrecen frutas para que cojas fuerzas, comida, agua y otros víveres para que no desfallezcas. Te dan cobijo cuando hace frío, orientación cuando te extravías por el camino y ánimos cuando los has perdido. El día que alcanzas la cúspide nadie cuestiona que una parte muy grande de ese éxito es exclusivamente mérito tuyo, pero ¿podría decirse que hay una parte que no lo es? ¿Te parecería justo reconocer que un fragmento de tu triunfo provino de la ayuda de ellos? Llegas a la cima y te conceden un premio en metálico por haberla alcanzado. ¿Tendría sentido compartir una parte de ese dinero, por pequeña que fuera, con la gente que contribuyó a tu éxito?

Esa montaña no es una montaña, sino la vida. Y esos indígenas no son indígenas, sino todos aquellos que han aportado algo a tu éxito. No existe un solo éxito de todos los que has logrado hasta ahora y de todos los que lograrás en el futuro que no se haya beneficiado de la contribución de otros.

Ahora viene lo importante.

Si una parte de la ayuda que recibimos de otros es para beneficio nuestro, una parte del éxito nuestro debe ser para beneficio de otros.

Igual que el esfuerzo ha sido compartido, el éxito también debería serlo. Una parte de nuestro dinero, tiempo, esfuerzo y riqueza debería ser ofrecido a otros que no tienen nuestra fortuna, precisamente para reconocer lo afortunados que somos. Yo no soy quién de decir cuánto debes compartir. Esa elección es tuya. Comparte lo que sea, pero comparte.

Si el mundo te ha tratado bien, trata bien al mundo.

En prácticamente todos los discursos de recogida de los premios que he tenido el honor de recibir, he pronunciado la frase que incluyo a continuación. Ella representa la esencia de este Peldaño y resume para mí la causa número uno por la que estamos sobre la Tierra.

«Si al final de mis días sólo he obtenido más fama y más dinero, mi vida será un estrepitoso fracaso. Si consigo dejar una huella en el mundo que lo haga un poquito mejor, será un precioso éxito.»

Si creías que no tenías motivos para estar orgulloso de ti mismo en este ámbito, que sepas que sí los tienes. Sólo por haber adquirido este libro ya has contribuido económicamente a un mundo mejor. He decidido donar una parte de mis derechos de autor a los niños de la ONG EDUCO y a la Fundación Sandra Ybarra para la investigación contra el cáncer.

¿Por qué?

Porque

#LaInteligenciadelÉxito
no hay privilegio mayor que el de contribuir a un mundo mejor.
@Anxo

En nombre de ellos, gracias.

87. LA TRANSFORMACIÓN

Tanto si has decidido leer los Peldaños en orden como saltea-dos, tu decisión ha sido acertada. Como sabes, *La Inteligencia del Éxito* es el segundo libro de la colección «88 Peldaños», tras la primera de las «Escaleras», contenida en *Los 88 Peldaños del Éxito*. Una de las características de todos los libros que escriba como parte de esta colección es no sólo que todos contarán con 88 Peldaños, sino que todos ellos podrán leerse de forma aleatoria o salteada. Como algunas personas siguen prefiriendo la lectura correlativa, asumiré que este es tu penúltimo Peldaño y que quizás ya tengas tu mente en un eventual tercer libro. Sin embargo, tendrá senti-do que te adentres en el tercero, una vez se publique, sólo cuando hayas constatado una transformación mental gracias a este. Ella representa el único propósito con el que he escrito todas estas páginas: el de que tú no seas el mismo tras leer *La Inteligencia del Éxito*, y tu cerebro, tampoco.

El verdadero impacto de este libro no está en aquello que su-cede en tu cerebro mientras lo lees, sino en cómo cambiarán el tipo de decisiones que tomes en tu vida gracias a haberlo leído. Ese es el valor de la forma en que *La Inteligencia del Éxito* transforma tu mente, y gracias a ella, verás que todo cambia... sin haber cambiado.

Transformar tu mente no es cambiar el mundo que ves, sino cambiar el prisma con el que lo miras.

Tanto si has sido consciente como si no, con o sin tu permiso, la lectura de este libro ha ido esculpiendo pequeños surcos que hacen que tu cerebro ahora sea más alto sin haber crecido y más ancho sin haber estirado. Lo que ha sucedido es que se ha multiplicado el poder de tu mente, y donde antes tan sólo observabas una pareja de opciones, ahora observarás un abanico.

Cultivar tu inteligencia es aprender a ver un jardín donde antes veías una sola flor.

Si has interiorizado cada palabra de *La Inteligencia del Éxito* y asimilado con total predisposición cada Peldaño, estas son algunas de las áreas en las que a partir de ahora se pondrá de manifiesto «La Transformación», la misma que constata que ya no eres la persona que eras.

Los MOMENTOS-ATRÉVETE. Si hay algo que realmente te hará diferente de tu yo anterior, tiene que ser tu predisposición a atreverte más y a aprovechar cada Momento-Atrévete que la vida te da. Confío en que ya siempre llevarás contigo el «Atrévete a atreverte» del Peldaño 13.

La CONCRECIÓN: en tu yo anterior podía haber espacio para la divagación. En tu nuevo yo sólo lo hay para la concreción. ¿En qué se traduce ir al grano? En llegar más lejos (Peldaño 8).

Tu AGRADECIMIENTO: si de todos los Peldaños sólo uno transformase tu mente y fuese el del agradecimiento, ya habría valido la pena tu lectura del libro entero. Ojalá ahora valores más lo que tienes, dónde vives, la vida que llevas y con quién la compartes. Si aumentas el número de veces que te sientes agradecido y revolucionas tu vocabulario con el número de veces que lo dices, el mundo habrá mejorado gracias a ello (Peldaños 59 y 85).

La CURIOSIDAD: el mundo conocido ya lo conoces. Ahora vete a por la otra mitad (Peldaños 1 y 33).

Los VENCE-MIEDOS: ahora tendrás otro tipo de fuerza para superar las barreras cuando lleguen los miedos (y llegarán) porque serás consciente de que quedarse con lo viejo sale más caro que probar con lo nuevo (Peldaño 63).

La ACEPTACIÓN:

#LaInteligenciadelÉxito
Muchos invertirían un millón en ser más altos, cuando lo único que necesitaban era invertir un minuto en aceptar su altura.
@Anxo

Ahora ya no tendrás que esperar a verte con tu aspecto de mañana para adorar el aspecto que tienes hoy (Peldaño 67).

Y, por último, la que todo lo abarca.

Tu INTELIGENCIA: ahora podrás negociar mejor (Peldaño 11), comunicar mejor (Peldaños 31 y 32), aprender mejor (Peldaño 34 y 71), desatascar un océano (Peldaño 42), cenar con un genio (Peldaño 76), dominar la pereza (Peldaño 51), seducir con altruismo (Peldaño 77), dirigir tus resultados (Peldaño 7), descubrir tus pozos de petróleo (Peldaño 27) o incluso realizar la cuenta matemática del coste-beneficio y ser consciente de que lo que ganas cuando arriesgas por crecer, incluso fracasando, a la larga siempre es más que lo que pierdes (Peldaños 78, 53 y 2).

Dado que ninguno de los libros de la colección «*88 Peldaños*» ha sido escrito para ser leído tan sólo una vez, no dejes de regresar a cualquiera de esos Peldaños o incluso a la página 1. Lee y relee, ya que el nivel de transformación es directamente proporcional a tu grado de asimilación. Y este lo es al número de repeticiones.

Muchos hablan de cambiar el mundo, pero yo hablo de algo mucho más interesante, y de conseguirlo empezando no por el mundo, sino por tu mente.

#LaInteligenciadelÉxito
No busques cambiar el mundo. Busca mejorarlo.
@Anxo

Si este libro ha transformado tu mente, ambos hemos mejorado el mundo. Y si ese ha sido el valor del libro, quizás te apene que se esté acabando. Pero tengo algo que contarte... y te va a encantar. Deja que tu sonrisa se ponga y tus párpados se abran. Tengo una gran sorpresa para ti. He dejado para el final el Peldaño más poderoso de todo el libro. Es melancólico pero motivador. Estremecedor pero impactante. Directo pero sabio.

Enhorabuena por haber llegado al penúltimo Peldaño de esta preciosa Escalera. Nunca había trabajado con tanto esfuerzo para crear algo como lo que acabas de leer. Ojalá que si has admirado los aciertos, admires también los esfuerzos, y que al leer los Peldaños que más te hayan impactado, detrás sólo vieses las horas y horas de trabajo que los crearon. Si te apetece un secreto, aquí te regalo uno: en este libro he trabajado el doble que en el primero. No, no exagero. El listón estaba demasiado alto y yo no buscaba igualarlo, sino superarlo. Ha sido duro, pero precioso. Y mi pago será tu reconocimiento. Si tú le has visto valor, mi vida hoy tiene un poco más de sentido. Te pido que si ese es el caso, lo compartas no con una persona, sino con todas las que conoces. Si ha revolucionado tu vida, permite que también revolucione la de ellos.

Me has dado el más bonito de los regalos. Un trozo de tu tiempo y una parte de tu vida.

88 Gracias.

Ahora sí. Aquí está. Para ti...

... el Peldaño 88.

88. LA ÚLTIMA LECCIÓN

Lo que te voy a contar es la mayor lección que he recibido nunca de lo que yo defino como «inteligencia del éxito». Curiosamente su autor no me la enseñó con su presencia, sino con su ausencia. Y lo que fue uno de los mayores regalos para mí, confío en que ahora sea uno de los mayores regalos para ti.

Era el día de Navidad. Estábamos felices en familia cantando villancicos. En casa de mis padres siempre ha habido instrumentos musicales y una gran inclinación a hacer uso de ellos. De repente surgió una discusión tonta, de esas por las que todas las familias pasan cuando llevan muchos meses sin verse. En un momento de frustración yo pronuncié unas palabras desgarradoras que adquirirían unas dimensiones mayores de las que podía imaginar en aquel momento: «Esta discusión es un sinsentido. Si algún día a alguno nos sobreviniera una enfermedad grave, nos daríamos cuenta de lo insignificante que es esta controversia. Ojalá no precisemos de algo tan serio para reconocer algo tan nimio».

Por desgracia, mis palabras acabaron siendo proféticas. Unos meses más tarde, mi padre contrajo una enfermedad que no pudo superar. Desconozco si, cuando mi padre enfermó, el resto de los miembros de mi familia recordó aquellas frases. Yo iba a tenerlas presentes durante el resto de mi vida.

Mi padre era un hombre de pocas palabras. Fiel a su personalidad, su principal lección no procedería de sus palabras, sino de su silencio. Y no sería una de las que me dio en vida, sino la que me dejaría con su partida tras su muerte. Esto es lo que su ausencia me enseñó; lo que él me dijo sin necesidad de decirlo.

Me enseñó que discutir es humano, pero pedir perdón lo es más. Y que enterrar el rencor es caminar sin dolor. Me enseñó que cuando los humanos detestamos los defectos, olvidamos que sin defectos no seríamos humanos. Y que vivir mejor no es equivocarnos menos, sino aceptarnos más. Me enseñó a no guardar mis sueños para el futuro, ya que si el futuro nunca llega, mis sueños tampoco. Y que la satisfacción del conseguir vale más que el lujo del poseer. Me enseñó que suelen gritar mucho más los que suelen decir mucho menos. Y que no tiene más razón quien mejor argumenta. Me enseñó que es tan frecuente como erróneo pensar que si el otro no opina, es que no tiene opinión. Y que si tiene sentido hablar, es sólo cuando el silencio sea peor que tus palabras. Me enseñó que quien llama a puertas descubre paraísos. Y que quien se cierra a las posibilidades se pierde tesoros. Me enseñó que aplaudir a alguien por dar el paso uno es eliminar su miedo a dar el paso dos. Y que aunque no puedas forzar a una planta a que crezca, sí puedes regar su jardín. Me enseñó que es mejor arrepentirse de haber hecho demasiado que demasiado poco. Y a vivir de manera que cuanto más te acerques al futuro, más agradezcas tu pasado. Me enseñó a dar las gracias a aquellos que al no creer en tu victoria la hicieron más grande. Y que el optimismo vende mucho menos, pero deberíamos comprarlo mucho más. Me enseñó que un «te quiero» que nunca se expresó pesa más que todos los expresados juntos. Y que un abrazo, cuando hay muchos, es tan sólo uno, pero cuando no hay ninguno, lo es todo.

Me enseñó que la vida es más corta de lo que pensamos.
Y que no aprovechar ya es morir.

Dondequiera que estés. Gracias, papá.

No. Esto no es el final del libro. Continúa aquí:

www.anxoperez.com

TU TOP-10 DE MÁXIMAS

Bienvenido al final de la Escalera 2 de la colección «*88 Pelda-ños*». Confío en que desde esta altura, a 88 peldaños del suelo, notes el éxito más a tu alcance, y que al mirar hacia abajo te deslumbre el resplandor de tus Peldaños de Oro. Te recomiendo que vuelvas a la primera página del libro y los escribas en la sección DEDICATORIA para regalárselos a aquella persona en quien pensaste mientras los leías. Si prefieres no dedicarlos y guardarlos para ti, adelante. Regálatelos, pero anótalos en esa misma página de DEDICATORIA.

Llegados a este punto, te invito a que plantes aquí las 10 primeras semillas de tu éxito: tu top-10 de las máximas que más te han impactado, siendo la número 1 tu máxima de oro.

10 . . . .

. . . .

9 . . . .

. . . .

8 . . . .

. . . .

7 . . . .

. . . .

6 . . . .

. . . .

5 . . . .

. . . .

4 . . . .

. . . .

3 . . . .

. . . .

2 . . . .

. . . .

TU MÁXIMA DE ORO

1 . . . .

. . . .

. . . .

INCONFÓRMATE con los 88 Peldaños, y accede al resto de la Escalera del Éxito:

www.anxoperez.com
www.twitter.com/anxo
www.facebook.com/anxo8belts
www.instagram.com/anxo8belts

AGRADECIMIENTOS

A María. Tú has sido la primera en leer este libro. Gracias por tu apoyo infinito siempre.

A mi gran amigo el Mago More. No sólo eres grande y único, sino además tremendamente generoso.

A todo el 8 Team y en especial a los cuatro miembros que me han apoyado en este proyecto: Julio, Vanessa, Juan y Vic. Vuestra contribución ha sido de enorme valor para mí. Una parte de este libro es vuestra.

A mi editor Roger y a todo el sensacional equipo de esta gran editorial, Alienta. Soy afortunado por poder trabajar con vosotros.

A toda mi familia, mi «ala izquierda», mamá, Paula, Carla, Claudia, Jesús y Agustín. Sin vosotros y sin vuestras risas la vida quizás sí tendría sentido, pero lo tendría infinitamente menos. Todo el mundo debería tener el privilegio de disfrutar de una familia como vosotros al menos un año de sus vidas. Sois geniales. Os quiero.